BIBLIOTHÈQUE DES DAMES

LES CONTES DES FÉES
DE Mme D'AULNOY

TOME PREMIER

PARIS
LIBRAIRIE DES BIBLIOPHILES
Rue Saint-Honoré, 338

M DCCC LXXXI

BIBLIOTHÈQUE DES DAMES

III

LES CONTES DES FÉES

DE Mme D'AULNOY

TOME PREMIER

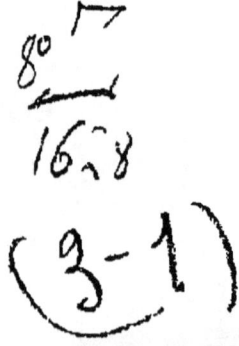

TIRAGE A PETIT NOMBRE.

Il a été tiré en outre vingt exemplaires sur papier de Chine (n°s 1 à 20) et vingt sur papier Whatman (n°s 21 à 40), accompagnés d'une *triple épreuve* du frontispice.

Mme D'AULNOY

LES
CONTES DES FÉES

OU

LES FÉES A LA MODE

CONTES CHOISIS PUBLIÉS EN DEUX VOLUMES

AVEC UNE

PRÉFACE PAR M. DE LESCURE

Frontispices gravés par Lalauze

PARIS

LIBRAIRIE DES BIBLIOPHILES

Rue Saint-Honoré. 338

M DCCC LXXXI

Mme D'AULNOY
ET
LES CONTES DE FÉES
AU XVIIe SIÈCLE

I

LE XVIIe siècle a vu naître, fleurir et se faner, dans ses cinquante dernières années, toute une série, toute une famille de petits genres littéraires, à la vogue aussi éclatante que passagère, que caractérisent, d'un côté, cette courte durée due à un frivole et inconstant engouement, et, de l'autre, cette particularité qu'aucun d'eux n'a été cultivé par des littérateurs de profession, mais par des littérateurs d'occasion, des hommes et des femmes du monde qui se piquaient de bel esprit.

C'est ainsi qu'à la mode des PORTRAITS ou CARACTÈRES, qui rappelle la galerie de Saumaise ou celle de Mme de Montpensier, succédèrent celle des LETTRES, des Relations, des Conversations, qui illustrèrent les noms de Voiture, de Balzac, de Saint-Évremond, de Mlle de Scudéry, de Pellisson, de Conrart, de Mmes de Sévigné, de La Fayette, de Coulanges, de Villars ; puis celle des Maximes ou Sentences morales, genre dans lequel se distinguèrent les Esprit, les Mme de Sablé, et s'immortalisa La Rochefoucauld ; enfin celle des Romans ou Contes allégoriques ou féeriques, dont le seul titre évoque aussitôt dans l'esprit la figure gracieuse et galante des Mlle de Scudéry, des Mme de La Fayette, déjà citées, de Mlle de La Force, de Mlle Lhéritier, de Mmes de Villedieu, de Fontaine, de Murat, d'Auneuil et de la baronne d'Aulnoy. C'est de cette dernière surtout, qui a conquis une réputation durable, à côté de Perrault et d'Hamilton, dans un genre où tous deux, en puisant à une source ancienne comme le monde, ont trouvé moyen de donner à des pastiches le piquant d'œuvres originales, que nous voulons nous occuper ici, en essayant l'histoire de ses ouvrages, et tout d'abord celle de sa vie, plus mystérieuse, plus aventureuse, plus romanesque encore que ses contes de fées.

II

Marie-Catherine Le Jumel de Barneville, baronne et non comtesse d'Aulnoy, comme on l'a le plus souvent dit, naquit à Barneville, petite seigneurie voisine de Bourg-

Achard (Eure), en 1650 selon les uns, 1651 selon les autres. Sa famille habitait là, d'après l'Armorial de Normandie, au cahier de Pont-Audemer. M. Jal, auquel nous empruntons les détails qui précèdent, comme nous lui emprunterons plus d'un de ceux qui suivront, n'avait pu retrouver l'acte du baptême de Mlle Le Jumel, mais il avait retrouvé celui de son mariage, au moyen duquel il a pu rectifier plus d'une erreur accréditée jusqu'à lui[1].

Il en résulte que « François de La Motte, écuyer, fils de défunt Jean de La Motte, écuyer, et de Clémence Badon, de la paroisse Saint-Paul, épousa, le lundi 8 mars 1666, demoiselle Marie-Catherine Le Jumel, fille de défunt Nicolas-Claude Le Jumel et de Judith-Angélique Le Coustelier. » Cette Angélique Le Coustelier signait de Saint-Pater, à l'exemple de son frère Henri, qui se donnait comme seigneur dudit lieu, et elle épousa en secondes noces le marquis de Gudaigne, ou plutôt Guadagne, peut-être celui qui fut plus tard gouverneur de Dôle, signataire, en 1649, de la fameuse protestation des 167 gentilshommes de vieille race qu'a enregistrée tout au long Saint-Simon au tome XIII de ses MÉMOIRES, à propos d'une manifestation semblable de la haute noblesse, ou se qualifiant telle, en 1717, contre les prétentions des ducs et pairs.

---

[1]. *Dictionnaire critique de biographie et d'histoire*, p. 1307.

MADAME D'AULNOY

D'après un écrivain qui a essayé avant nous de restituer quelques dates et quelques faits à une biographie très difficile faute de documents authentiques et précis, le père de la baronne d'Aulnoy, qu'il qualifie à tort de comtesse et qu'il appelle Le Jumel de Berneville, avait longtemps servi dans les armées de Louis XIV et était allié aux meilleures maisons de Normandie, notamment aux d'Estouteville. Sa mère, personne d'esprit et d'intrigue, épousa, comme nous l'avons dit, en secondes noces, le marquis de Gudaigne ou Guadagne, allié lui-même aux Thiard de Franche-Comté, et fut emmenée par lui à Rome, où elle rendit de notables services à la cour de Madrid, qui l'en récompensa par une constante faveur[1]. *Le même biographe fait vivre la marquise de Guadagne jusqu'en* 1753, *ce qui semble bien invraisemblable. Il nous apprend aussi que Marie de Bruneau, dame des Loges, célébrée par Balzac, était la propre tante de M*me *d'Aulnoy.*

*Grâce aux révélations souvent indiscrètes et malignes des papiers où d'Hozier se dédommageait et se vengeait en satirique et en pamphlétaire des dégoûts et des inévitables mensonges, — en dépit de sa probité, — du généalogiste officiel, M. Jal est beaucoup plus précis en ce qui touche l'origine et le caractère du médiocrement honorable mari dont M*me *d'Aulnoy fut*

---

1. Magasin pittoresque, 1870, p. 67.

la peu vertueuse femme, car le roman de sa vie plus que légère est beaucoup moins moral que ses CONTES.

Ce La Motte, qui épousa à quarante-six ans, le 8 mars 1666, Marie-Catherine Le Jumel de Barneville, alors âgée de quinze ou seize ans à peine, en vertu d'un accord où les considérations d'intérêt avaient eu plus de poids que le souci des scrupules et des convenances, dont le respect peut seul assurer en pareil cas une union tranquille et heureuse, était, selon les annotations de d'Hozier à son dossier, qu'on peut consulter au cabinet des titres de la Bibliothèque Nationale, un assez triste personnage.

C'était « un bel homme, bien fait, d'abord valet de pied de César, duc de Vendôme, qui cherchoit d'avoir de beaux hommes à son service, et il devint ensuite un de ses valets de chambre et contrôleur général de sa maison. Le prince l'employa dans ses affaires de guerre de 1649 à 1650, et il fit si bien ses affaires à Bordeaux auprès de lui qu'il y gagna assez pour acheter la baronnie d'Aulnoy, en Brie, au bailliage de Provins, que lui vendit Claude Gobelin, le 13 mai 1654, au prix de 150,000 livres. François de La Motte fut fait chevalier de Saint-Michel le 12 mai 1653. Sa mauvaise conduite, plus encore que ses débauches particulières, et les voies par lesquelles il s'étoit élevé, jointes aux désordres de la vie de sa femme, lui ont fait perdre et consumer la plus grande partie de son bien, et il a été réduit, pour subsister, à se faire contrôleur de la maison de S. A. Monseigneur le prince. Il est mort accablé de ses infortunes et des infamies de ses filles, dont il y en a deux qui imitent leur mère. »

Voilà une assez fâcheuse oraison funèbre. Le baron d'Aulnoy mourut, âgé de quatre-vingts ans ou environ, le 21 août 1700, et non vers 1681, comme dit le biographe du Magasin pittoresque, *rue de Condé, vis-à-vis de l'hôtel de Condé. L'acte de décès, paroisse Saint-Sulpice, le dit* « *baron dosnois* (sic) *pourvoyeur et contrôleur de S. A. S. Monseigneur le prince.* »

Madame d'Aulnoy, qui devait le suivre dans la tombe à cinq ans de distance, n'avait pas de raison d'être inconsolable, et ne le fut pas, comme on peut l'induire de la lettre de condoléance, d'une galanterie quelque peu ironique, qu'elle reçut de Saint-Évremond :

« Dans le temps, Madame, que votre lettre m'a été rendue, je me donnois l'honneur de vous écrire sur la mort de M. d'Aulnoy. Je vous conseillois les bienséances, de cacheter vos lettres avec de la cire noire, et de donner au monde des marques d'un deuil qui ne laisse de peine à souffrir que la régularité. La condition d'une veuve ne permet pas de regretter le meilleur mari et donne de la joie à celles qui en perdent de méchants. Une seule chose peut troubler la vôtre, c'est de n'avoir eu aucune part aux effets d'un injuste époux. Cette injustice seule m'en fait détester la mémoire.

« Ma consolation est que vous aurez toujours assez

de bien pour vous passer de celui qu'il vous devoit. Mais ce n'est pas assez pour vous, Madame, que d'avoir les choses commodes, je vous souhaite les superflues : c'est le souhait de votre très humble et très obéissant serviteur [1]. »

Si le baron d'Aulnoy était ruiné, il était assez naturel qu'il ne laissât rien à sa veuve ; et eût-il été riche, qu'il eût été excusable de l'oublier sur son testament, n'ayant pas seulement à lui reprocher des torts de conduite, mais une tentative, autrement grave et même criminelle, de se débarrasser de lui à la faveur d'un bon ou plutôt d'un mauvais procès de lèse-majesté. Il y allait en effet de la tête, et plus sérieusement que par l'ordinaire affront conjugal, dans l'accusation de desseins attentatoires à la sûreté du roi portée contre François de La Motte, à l'instigation de la marquise de Guadagne et de sa digne fille, par deux gentilshommes (leurs amants sans doute) qui expièrent par la main du bourreau un crime dont les fautrices et complices demeurèrent impunies, faute de preuves suffisantes apparemment. Il est impossible de douter de la part plus ou moins explicite et directe que prirent à cette affaire Mme d'Aulnoy et sa mère, quand on lit les aveux suprêmes des deux condamnés, au sort desquels elles n'échappèrent que par miracle, et dont le sang

---

1. *Œuvres mêlées de Saint-Évremond*, édit. Ch. Giraud, t. III, p. 415-416.

a souillé d'une tache indélébile leur mémoire devant la postérité. Nous n'avons trouvé d'autres traces de cette tragique et mystérieuse affaire que celles que les papiers de la Bastille ont révélées aux yeux de leur savant exhumateur et commentateur [1].

Voici, en raccourci, les faits qui résultent de ces interrogats in extremis *du sieur O. Lannecluse, premier greffier au greffe criminel de la Cour, chargé de lire et prononcer aux patients agenouillés l'arrêt qui les condamne à avoir la tête tranchée en Grève, et dressant procès-verbal des dires que presse le sieur Barbette, requis de leur appliquer, avant exécution, la question ordinaire et extraordinaire : extraordinaire en effet, puisque l'arrêt était prononcé et irrévocable. Mais ce luxe d'information ne déplaisait pas à l'ancienne justice, qui poussait jusqu'au dernier moment les exigences de sa curiosité et en trouvait le superflu nécessaire.*

Donc, à grand renfort de coquemars,

La torture interroge, et la douleur répond;

il appert des aveux du sieur Ch. Bonenfant, seigneur de Lamoizière, et du sieur J.-A. de Crux, seigneur marquis de Courboyer, en date les premiers du 12

---

1. *Archives de la Bastille.* Documents inédits recueillis et publiés par François Ravaisson, conservateur adjoint à la Bibliothèque de l'Arsenal. T. VII, p. 335.

décembre 1669, les seconds du 13 décembre, qu'ils avaient accepté, à la suggestion des dames de Guadagne (sœur du premier écuyer de Beringhen) et d'Aulnoy, sa fille, le rôle d'agents provocateurs et dénonciateurs contre le sieur d'Aulnoy, mari de cette dernière. Il était alors réfugié au Luxembourg, maison royale et à ce titre inviolable, pour se mettre à l'abri des décrets lancés contre lui par la Chambre qui avait jugé Fouquet, et faisait rendre gorge aux traitants (il était du nombre) compromis dans ses opérations financières et ses agissements factieux. Le mauvais état de ses affaires et les querelles intestines qui troublaient son intérieur avaient naturellement aigri l'humeur du baron d'Aulnoy, qui s'échappait, paraît-il, volontiers en propos de mécontent. Ces propos, habilement provoqués et envenimés par les haines coalisées et intéressées qui tournaient autour de lui, pouvaient former la base d'une accusation de complot contre la sûreté du roi, et motiver un emprisonnement à la Bastille ou aux Petites-Maisons qui assurait le succès de leur plan de spoliation. Car, pour dissimuler sa fortune menacée, d'Aulnoy s'était laissé aller à souscrire au profit de son faux ami Courboyer une obligation fictive de 108,000 livres, contre laquelle il avait reçu une contre-lettre qu'il s'agissait de détourner. A la suite des scènes de provocation et de dénonciation que relate le procès-verbal, d'Aulnoy avait en effet été arrêté le 24 septembre 1669, sur ordre contresigné Colbert.

Mais l'affaire n'avait pas tourné au gré des conjurés. D'Aulnoy s'était défendu, et n'avait pas eu trop de peine à prouver son innocence du projet d'attentat qui lui était attribué.

De là ordres du 30 septembre et du 3 octobre, qui avaient envoyé ses calomniateurs le rejoindre à la Bastille, et transfèrement commun au Grand-Châtelet; enfin procès en accusation de lèse-majesté d'un côté, de l'autre en calomnie, dont les débats, vigoureusement menés, avaient eu pour dénoûment imprévu l'arrêt du 11 décembre condamnant les sieurs de Lamoizière et de Courboyer à avoir la tête tranchée et à subir auparavant la question ordinaire et extraordinaire, arrêt exécuté le 12 pour le premier, le 13 pour le second.

Le baron d'Aulnoy, relaxé de la plainte et mis hors de cour, avait été néanmoins ramené le 20 décembre à la Bastille, d'où il ne sortit que le 13 janvier, après avoir fait acte de restitution volontaire envers le roi.

Mme de Guadagne et Mme d'Aulnoy n'avaient pu échapper qu'en s'y dérobant par la fuite aux conséquences de leur complicité. L'avocat Gayot de Pitaval, dans son recueil de CAUSES CÉLÈBRES, raconte que l'exempt Desgrez avait surpris Mme d'Aulnoy au lit; mais qu'elle trouva moyen de se sauver par un escalier dérobé et de se cacher sous un catafalque établi fort à propos pour quelque cérémonie funèbre, dans une église voisine de sa maison, peut-être à Saint-Sulpice, sa paroisse. Les deux dames passèrent en Angleterre, et de là en Espagne, où elles trouvèrent moyen de rendre à la cour de France des services mal définis, qui leur gagnèrent plus tard la fin d'une longue disgrâce et le droit de rentrer dans leur patrie.

La leçon ne paraît pas avoir complètement dégoûté de l'intrigue la très-aventureuse et ingénieuse Mme d'Aulnoy, car nous la retrouvons compromise par une liaison suspecte avec Mme Carlier-Ticquet, et menacée de la suivre sur l'échafaud. Saint-Simon a raconté en ces termes l'histoire de cette Angélique Ticquet [1], qui eut la tête tranchée le 17 juin 1699.

« Les premiers jours d'avril, Ticquet, conseiller au Parlement et même de la Grand'Chambre, fut assassiné chez lui, et s'il n'en est pas mort, ce ne fut pas la faute du soldat aux gardes et de son portier, qui s'étoient chargés de l'exécution et qui le laissèrent, le croyant mort, sur du bruit qu'ils entendirent. Ce conseiller, qui surtout étoit un fort pauvre homme, s'étoit allé plaindre l'année précédente au roi, à Fontainebleau, de la conduite de sa femme avec Montgeorges, capitaine aux gardes fort estimé, à qui le roi défendit de la plus voir. Cela donna du soupçon contre lui et contre la femme, qui étoit belle, galante, har-

---

1. Et non Picquet, comme le dit le *Magasin pittoresque*.

die, et qui prit sur le haut ton ce qu'on en voulut dire. Une femme fort de mes amies et des siennes lui conseilla de prendre le large et lui offrit de quoi le faire, prétendant qu'en pareil cas, on se défend mieux de loin que de près. L'effrontée s'en offensa contre elle et contre plusieurs autres amis qui, avec les mêmes offres, lui donnèrent même conseil. En peu de jours, la trace fut trouvée, le portier et le soldat, reconnus par Ticquet, arrêtés et mis à la question, auparavant laquelle Mme Ticquet fut assez folle pour s'être laissé arrêter et n'être pas déjà en pays de sauveté. Elle eut beau nier, elle eut aussi la question, et avoua tout. Montgeorges avoit des amis qui le servirent si bien qu'il ne fut aucune mention juridique de lui. La femme condamnée à perdre la tête, et ses complices à être roués, Ticquet vint avec sa famille pour se jeter aux pieds du roi et demander sa grâce. Le Roi lui fit dire de ne pas se présenter devant lui, et l'exécution fut faite à la Grève, le mercredi 17 juin, après midi.

« Toutes les fenêtres de l'Hôtel de ville, toutes celles de la place et des rues qui y conduisent, depuis la Conciergerie du Palais, où elle étoit, furent remplies de spectateurs, hommes et femmes et de beaucoup de nom et de plusieurs de distinction. Il y eut même des amis et des amies de cette malheureuse qui n'eurent pas honte et horreur d'y aller. Dans les rues, la foule étoit à ne pouvoir passer. En général, on en avoit pitié et on souhaitoit sa grâce, et c'étoit avec cela à qui l'iroit voir mourir. *Et voilà le monde, si peu raisonnable et si peu d'accord avec soi-même*[1]. »

Nous voici bien loin des Contes de fées.

Avant d'y revenir et d'abandonner le peu sympathique auteur pour ses charmants ouvrages, terminons ce résumé biographique par quelques derniers détails.

M*me d'Aulnoy eut cinq enfants : Marie-Angélique (26 janvier 1667), Dominique-César (22 novembre 1667), Anne (27 octobre 1668), Judith-Henriette (14 novembre 1669), Thérèse-Aymée (13 octobre 1676).*

*Dominique-César mourut fort jeune. Thérèse-Aymée est la fille que M*me *d'Aulnoy emmena en Espagne avec elle lorsqu'elle alla y rejoindre sa mère (dans les premiers jours de l'année 1679). Thérèse-Aymée, Judith-Henriette et Anne, nées sous la présomption conjugale, prirent le nom de leur père putatif et légal, mais ne furent pas reconnues par lui. Les actes de leur baptême, dit M. Jal, portent cette remarque :* « *le père absent* », *qui dénonce la mère. Marie-Angélique épousa M. Claude Denis de Herre de Vaudois. Elle fut bel esprit comme sa mère, et eut une réputation de salon et de ruelle enflée jusqu'à l'illustration par l'auteur de* la Nouvelle Pandore, ou les Femmes illustres du règne de Louis le Grand, *Paris, 1698, 2 vol. in-12 (par Guyonnet, sieur de*

---

1. Saint-Simon, édit. Hachette, in-18, t. II, p. 282-283.

Vertron). Anne, d'une beauté remarquable, épousa un gentilhomme du Berry, M. de Préaulx d'Artigny. Thérèse-Aymée demeura en Espagne auprès de la Reine, où nous la voyons en 1705. Judith-Henriette, restée à Paris, paraît avoir suivi la carrière d'intrigue et de galanterie où sa mère et sa grand'mère l'avaient précédée.

Mme d'Aulnoy décéda, âgée de cinquante-quatre ans ou environ, le 14 janvier 1705, dans sa maison de la rue Saint-Benoît. L'acte de décès fut rédigé à la sacristie de l'église Saint-Sulpice. Nous connaissons deux portraits d'elle, donnant tous deux l'idée d'une sémillante et plantureuse beauté : l'un gravé par Bazan, d'après un original d'Élisabeth-Sophie Chéron ; l'autre en pied, d'après une estampe du XVIIe siècle, reproduit par le MAGASIN PITTORESQUE (1870, p. 68).

III

En tête des principaux ouvrages de Mme d'Aulnoy se place la RELATION D'UN VOYAGE EN ESPAGNE, publiée en 1690 ou 1691 : heureux début littéraire, qui la fit connaître sous de meilleurs auspices que ses aventures, et, à défaut de la considération que ne méritait pas sa conduite, lui valut les avantages assurés au talent et au succès. Le fâcheux éclat de ses galanteries continua d'être atténué par ses MÉMOIRES SUR LA COUR D'ES-

PAGNE. *Ces deux ouvrages, loués par les maîtres de la critique contemporaine, Sainte-Beuve et Saint-Victor, ont été récemment réimprimés*[1].

Signalons encore sur la liste, parmi les ouvrages qui ont eu de la vogue en leur temps et sont aujourd'hui, justement, semble-t-il, oubliés, les MÉMOIRES (*genre plus romanesque qu'historique qui fleurissait vers la fin du XVIIe siècle*) *sur la* COUR DE FRANCE (1692) *et sur la* COUR D'ANGLETERRE (1695), *les* MÉMOIRES SECRETS DE PLUSIEURS GRANDS PRINCES DE LA COUR (1696), *une nouvelle édition de* KOMISKI LA GÉORGIENNE (1699), *enfin le roman, un moment fameux et très goûté, comme l'attestent d'assez nombreuses réimpressions, de l'*HISTOIRE D'HIPPOLYTE, COMTE DE DOUGLAS.

Mais ce n'est ni dans le roman, ni dans l'histoire romancée, comme disait Nodier, que Mme d'Aulnoy trouva sa plus heureuse veine et son meilleur succès, puisqu'il dure encore. C'est dans ces CONTES NOUVEAUX, OU LES FÉES A LA MODE, *publiés chez Barbin, en 1698, 3 vol. in-12, que des augmentations successives encouragées par le succès grossirent jusqu'aux 8 tomes en 4 vol. in-18 de l'édition de 1725 et de 1742. C'est à ces Contes, qui ont survécu à tous les*

---

1. *La Cour et la ville de Madrid vers la fin du XVIIe siècle* (*Relation du Voyage d'Espagne et Mémoires de la Cour d'Espagne*), par la comtesse d'Aulnoy, édit. nouvelle, revue et annotée par Mme B. Carey. Paris, Plon, 1874 et 1876. 2 vol. in-8°.

naufrages, que Mme d'Aulnoy doit sa petite gloire, chère aux enfants qu'elle a charmés, et même aux lecteurs plus graves qui ne dédaignent pas d'être amusés et qui prennent à Peau-d'ane un plaisir extrême.

Dans ce genre, ancien comme l'humanité même, qui eut besoin dès son enfance d'être distraite et consolée de la vérité par la fiction et de la réalité par le merveilleux, ni Perrault ni Mme d'Aulnoy (nous ne parlons pas d'Hamilton, qui appartient à la période critique, sceptique, et ne fit des Contes que pour se moquer des Contes) ne pouvaient prétendre au mérite de l'invention, de la création. Mais ils ont su donner une valeur d'art à leurs copies, et une saveur originale et personnelle à leurs pastiches.

Les Contes de Perrault, qui n'est connu, en dépit de ses titres de premier commis de Colbert, de membre de deux Académies, d'auteur de la colonnade du Louvre et de fauteur de la fameuse querelle des anciens et des modernes, que grâce à Barbe-bleue, à Riquet a la houppe et au Petit Poucet, avaient paru en Hollande, dans le Recueil de pièces curieuses et nouvelles édité par le libraire Adrien Moetjens, à La Haye, de 1694 à 1701, en 30 parties reliées en 5 vol. petit in-12. C'est dans ce Recueil que, de 1694 à 1697, parurent les trois contes en vers de Peau-d'ane, des Souhaits ridicules, de Griselidis (1694), et les Contes en prose de la Belle au bois dormant, le Petit Chaperon rouge, la Barbe-bleue, le Maitre-Chat ou le Chat botté, les Fées, Cendrillon ou la Petite Pantoufle de verre, Riquet a la houppe *et* le Petit Poucet. *Ces contes reparurent réunis en volumes pour la première fois chez Barbin, en* 1697, *sans nom d'auteur, comme dans le Recueil de Moetjens. L'Épître dédicatoire à Mademoiselle, c'est-à-dire à Élisabeth-Charlotte d'Orléans, mariée au duc de Lorraine l'année suivante, sœur du duc de Chartres, depuis duc d'Orléans et régent du royaume, est signée P. d'Armancour, nom d'un jeune enfant de Perrault, alors âgé de dix ans. Le titre exact est:* Contes de ma mère Loye, Histoires ou Contes du temps passé, avec des moralités; A Paris, chez Claude Barbin, sur le second peron (sic) de la Sainte Chappelle du Palais, avec privilège de Sa Majesté, 1697.

Perrault n'avait pas donné impunément le branle à l'imagination des beaux esprits du temps et sonné sans écho le riant réveil de la féerie. De toutes parts surgirent les imitateurs, et les femmes se distinguèrent dans ce concours par leur émulation et leur succès. Le rayon des Contes de fées chez Barbin se remplit vite, et trop lentement au gré de l'engouement qu'il exploitait de son mieux, des publications fort inégales de M. de Preschac: les Contes moins contes que les autres, sans parangon a la Reine des fées; les Contes de fées, *par* Mme *de Murat, dédiés à la princesse de Conti; le recueil de* Mlle *de La Force:*

les Fées, contes des contes, *et enfin les* Contes nouveaux, ou les Fées a la mode, *de* Mme *d'Aulnoy, qui avait gardé l'incognito. Sans faire de tort au mérite et à l'agrément des Contes de* Mme *de Murat et de* Mlle *de La Force, non plus qu'aux* Bigarrures ingénieuses *de* Mlle *Lhéritier de Villandon, parente, amie et émule de Perrault, publiées en* 1696, *et où l'on trouve* l'Adroite Princesse, ou les Aventures de Finette [1], *ni même aux Nouveaux Contes composés par* Mme *d'Auneuil* (1703) *pour l'amusement de la duchesse de Bourgogne, sous le titre de* la Tyrannie des fées détruite [2], *on peut et l'on doit, suivant en cela l'avis des contemporains, confirmé par la critique la plus autorisée, accorder la palme de ce genre d'ouvrages, après Perrault et Hamilton, à* Mme *d'Aulnoy,* « *à qui nous devons* l'Oiseau bleu

---

1. Nous empruntons la plupart de ces détails bibliographiques à l'excellente étude que M. Ch. Giraud a placée en tête de son édition des *Contes de Perrault*, suivie de l'*Adroite Princesse* de Mme Lhéritier, et de sa *Lettre sur les Contes de fées*. Imprimerie Louis Perrin, à Lyon, 1865.

2. M. Honoré Bonhomme a consacré, dans le recueil bibliographique *Le Livre*, au Cabinet des fées et aux principaux auteurs de contes dont cette bibliothèque du merveilleux contient les œuvres, notamment à Mmes d'Aulnoy, de Murat et d'Auneuil, une série d'études formant galerie de portraits, où il a très bien démêlé et caractérisé les physionomies diverses de ces dames et de leurs ouvrages. (*Le Livre*, livraisons de février avril, juillet 1880, et de janvier et octobre 1881.)

si populaire, et la Belle aux cheveux d'or, *et* Finette Cendron, *et la* Chatte blanche, *et la* Biche-au-bois, *contes délicieux qu'on n'oubliera jamais* »[1], *dont La Harpe a dit que* « *leur auteur savait mettre de l'art et du goût jusque dans les frivolités et conserver la vraisemblance dans le merveilleux*», *et qu'il a proposés à ses auditeurs et à ses lecteurs comme le plus parfait modèle du genre.*

Ce n'est pas, il faut le répéter, par la puissance d'imagination et d'invention, par la subtilité des moyens d'exciter et de varier l'émotion, que brillent surtout les Contes de fées en général, et ceux de Perrault et de Mme d'Aulnoy en particulier. La trame des Contes de fées est vieille comme le monde, et c'est une trame forte et simple comme tout ce qui est ancien. Les Contes de fées proviennent tous du fonds traditionnel de légendes fantastiques et populaires, récits de la nourrice, récits de la chaumière, de la tente, du bivouac errant des peuples patriarcaux et pasteurs, d'origine égyptienne, juive, indoue et brahmanique, chinoise et bouddhique, germanique et italique et provençale. Ce canevas, grossier d'abord, successivement orné, enjolivé, brodé, suivant les temps et les lieux, par l'imagination des poètes du genre, porte l'empreinte de toutes les phases de civilisation qu'il a traversées : naïf d'abord, par exemple, pour ne prendre que les

---

[1]. Charles Giraud.

sources grecques, avec Hérodote, d'une ingénuité savante et raffinée avec Apulée, d'une malice narquoise avec Lucien. Ce magique édifice, aux ordres et aux styles superposés, des légendes grecques et égyptiennes, où la superstition chrétienne a ajouté successivement, éclairées par le même azur de vision, ses chapelles gothiques aux restes de temple païen et de mosquée. arabe, repose, comme sur un double fondement, sur un double besoin propre à l'humanité dans tous les temps et dans tous les pays : le besoin de peupler le monde de l'imagination d'êtres d'une puissance supérieure et d'une vie extraordinaire; le besoin de peupler le monde du sentiment d'êtres bienfaisants, capables de réparer les injustices d'ici-bas et de fournir aux cœurs déçus le refuge d'un empire du bien qui les guérît des blessures de l'empire du mal. Asile idéal des esprits avides d'infini, malades de solitude, blessés par les batailles humaines, des cœurs que désole l'éternelle lutte de la passion et du devoir, et que révolterait, si elle était sans espérance, la loi de l'inévitable séparation qui domine et qui afflige toutes nos affections, le monde de la féerie avait, au siècle de Louis XIV, son histoire, ses traditions, ses Bibles privilégiées, sources rafraîchissantes et salutaires où puisèrent, pour bâtir leurs fictions nouvelles sur des éléments antiques, Perrault et Mme d'Aulnoy en croyants, et Hamilton en sceptique de la religion de la chimère.

Sur cette question des sources, nous ne ferons pas

le savant; le rôle serait trop facile d'analyser dans ce but les travaux de Benfey en Allemagne, et en France ceux de la Curne de Sainte-Palaye, de Silvestre de Sacy, de Raynouard, de Loiseleur de Longchamps, du baron Walckenaer, de Maury et de Ch. Giraud. Ce dernier, dans la lettre critique qui précède son édition des Contes de Perrault, a résumé les travaux de ses devanciers d'une façon magistrale. Nous nous bornerons à dire, après lui, que les fabliaux et les contes du moyen âge, les légendes d'origine arabe, arrangés tour à tour à l'italienne et à l'espagnole, formant le fond de la littérature féerique, ont été réunis dans l'ouvrage type qui a été le répertoire où Perrault et Mme d'Aulnoy ont vivifié et fécondé leur inspiration. Cet ouvrage est intitulé : Il Pentamerone del cavalier Giovan Battista Basile, overo lo Cunto de li Cunti, trattenimiento de li pecceille di Gian Alesio Abbatutis; c'est-à-dire, le Pentaméron (ou les cinq journées) du cavalier Jean-Baptiste Basile, autrement le Conte des Contes, composé pour la récréation des enfants par Jean-Alexis Abbatutis. Ce dernier nom est l'anagramme de l'auteur Jean-Baptiste Basile, comte del Toreno, mort, en 1637, au service du duc de Mantoue.

Ce recueil, publié en 1637, a fourni à Perrault et à Mme d'Aulnoy les principaux thèmes de leurs variations. Mme d'Aulnoy a pu, grâce à sa connaissance de la langue et de la littérature espagnoles, y joindre les

Nouvelles de Cervantes et les romans espagnols. Ni l'un ni l'autre n'ont touché à la source orientale, ouverte seulement par la publication de Galland : LES MILLE ET UNE NUITS, *contes arabes, traduits en français (Paris, 1704-1717, 12 vol. in-12). On trouve dans le* PENTAMERONE *une macédoine de contes d'origines diverses arrangés et transformés surtout par l'imagination méridionale : l'histoire de* CENDRILLON (*Gatta Cenerentola*), *que M*^{me} *d'Aulnoy accommodera de nouveau, en y mêlant des traits pris à l'histoire du* PETIT POUCET, *dans sa* FINETTE CENDRON ; LA BELLE AU BOIS DORMANT, LE CHAT BOTTÉ, *qui y a une suite que n'a pas donnée Perrault, et* L'ADROITE PRINCESSE (*Sapia Liçarda*) *de M*^{lle} *Lhéritier. Quant à* PEAU-D'ANE, *on la trouve dans Bonaventure Des Periers, comme on trouve l'histoire de Griselidis dans Boccace.*

Le mérite de Perrault, comme celui de Mme *d'Aulnoy, consiste donc surtout à avoir brodé ce fonds traditionnel de détails ingénieux et piquants. Tous deux ont ajouté quelques figures nouvelles à ce monde enchanté et enchanteur où l'imagination des enfants et des hommes trouvera toujours plaisir à se réfugier pour échapper aux déceptions et aux dégoûts de l'existence réelle. Tous deux ont ajouté des plumes à ces ailes qui nous transportent dans le pays imaginaire où la Providence, sous le visage et les déguisements de la fée, arrange les choses au gré des esprits et des cœurs les plus exigeants, et les fait telles qu'elles devraient* *être, au profit et pour la consolation de ceux qu'affligent et dégoûtent les choses telles qu'elles sont. Et le mérite qui fut le leur n'est pas aussi mince, aussi frivole qu'il semble, puisque le succès des Contes de Perrault a effacé jusqu'au souvenir de ses travaux et de ses titres les plus sérieux, et puisque le succès des Contes de Mme d'Aulnoy a fait oublier, chose plus difficile encore, les fautes de sa vie. La postérité, indifférente aux qualités ou aux défauts de l'homme dans l'auteur, ne voit que ses ouvrages et ne récompense que ceux qui ont travaillé pour son plaisir.*

M. DE LESCURE.

AVIS

Il s'en faut de beaucoup que nous donnions ici tous les contes de fées de Mme d'Aulnoy, qui sont au nombre d vingt-quatre. Sans nous préoccuper de grossir ou de diminuer nos deux volumes, nous n'avons admis que ceux qui nous ont paru mériter les honneurs de la reproduction. Voici, d'ailleurs, la liste complète de ces contes.

Nous en trouvons d'abord neuf, indépendants les uns des autres, et qui sont : GRACIEUSE ET PERCINET, — LA BELLE AUX CHEVEUX D'OR, — L'OISEAU BLEU, — LE PRINCE LUTIN, — *la Princesse Printanière*, — LA PRINCESSE ROSETTE, — *le Rameau d'or*, — *l'Oranger et l'Abeille*, — *la Bonne Petite Souris*.

Puis vient une première nouvelle espagnole, *Dom Gabriel Ponce de Léon*, qui contient trois contes : *le Mouton*, — FINETTE CENDRON, — *Fortuné*.

Le conte de *Babiole*, qui suit, est isolé.

On trouve ensuite une seconde nouvelle espagnole, *Dom Fernand de Tolède*, dans laquelle sont introduits les contes du *Nain jaune* et de *Serpentin vert*.

Viennent après cela trois contes séparés : *la Princesse Carpillon*, — *la Grenouille bienfaisante*, — LA BICHE AU BOIS.

Enfin, dans l'*Histoire du gentilhomme bourgeois* (nommé de La Dandinardière), sont encadrés : LA CHATTE BLANCHE, — BELLE-BELLE, OU LE CHEVALIER FORTUNÉ, — *le Pigeon et la Colombe*, — *la Princesse Belle-Étoile et le Prince Chéri*, —*le Prince Marcassin*, — *le Dauphin*.

Les titres que nous avons imprimés ici en petites capitales sont ceux des contes que nous avons choisis pour notre recueil.

GRACIEUSE ET PERCINET

Il y avoit une fois un roi et une reine qui n'avoient qu'une fille. Sa beauté, sa douceur et son esprit, qui étoient incomparables, la firent nommer Gracieuse. Elle faisoit toute la joie de sa mère ; il n'y avoit point de matin qu'on ne lui apportât une belle robe, tantôt de brocart d'or, de velours ou de satin. Elle étoit parée à merveille, sans en être ni plus fière ni plus glorieuse. Elle passoit la matinée avec des personnes savantes, qui lui apprenoient toutes sortes de sciences ; et l'après-dîné, elle travailloit auprès de la reine. Quand il étoit temps de faire collation, on lui servoit des bassins pleins de dragées et plus de vingt pots de confitures : aussi disoit-on partout qu'elle étoit la plus heureuse princesse de l'univers.

Il y avoit dans cette même cour une vieille fille fort riche, appelée la duchesse Grognon, qui étoit affreuse de tout point : ses cheveux étoient d'un roux couleur de feu ; elle avoit le visage épouvantablement gros et couvert de boutons ; de deux yeux qu'elle avoit eus autrefois, il ne lui en restoit qu'un chassieux ; sa bouche étoit si grande qu'on eût dit qu'elle vouloit manger tout le monde, mais, comme elle n'avoit point de dents, on ne la craignoit pas ; elle étoit bossue devant et derrière, et boiteuse des deux côtés. Ces sortes de monstres portent envie à toutes les belles personnes : elle haïssoit mortellement Gracieuse, et se retira de la cour pour n'en entendre plus dire de bien. Elle fut dans un château à elle qui n'étoit pas éloigné. Quand quelqu'un l'alloit voir et qu'on lui racontoit des merveilles de la princesse, elle s'écrioit en colère : « Vous mentez, vous mentez, elle n'est point aimable, j'ai plus de charme dans mon petit doigt qu'elle n'en a dans toute sa personne. »

Cependant la reine tomba malade et mourut. La princesse Gracieuse pensa mourir aussi de douleur d'avoir perdu une si bonne mère ; le roi regrettoit beaucoup une si bonne femme. Il demeura près d'un an enfermé dans son palais. Enfin les médecins, craignant qu'il ne tombât malade, lui ordonnèrent de se promener et de se divertir. Il fut à la chasse, et, comme la chaleur étoit grande, en passant par un gros château qu'il trouva sur son chemin, il y entra pour se reposer.

Aussitôt la duchesse Grognon, avertie de l'arrivée du roi (car c'étoit son château), vint le recevoir, et lui dit que l'endroit le plus frais de la maison, c'étoit une grande cave bien voûtée, fort propre, où elle le prioit de descendre. Le roi y fut avec elle, et, voyant deux cents tonneaux rangés les uns sur les autres, il lui demanda si c'étoit pour elle seule qu'elle faisoit une si grosse provision. « Oui, Sire, dit-elle, c'est pour moi seule ; je serai bien aise de vous en faire goûter ; voilà du Canarie, du Saint-Laurent, du Champagne, de l'Hermitage, du Rivesalte, du Rossolis, Persicot, Fenouillet : duquel voulez-vous ? — Franchement, dit le roi, je tiens que le vin de Champagne vaut mieux que tous les autres. » Aussitôt Grognon prit un petit marteau, et frappa, toc, toc ; il sort du tonneau un millier de pistoles. « Qu'est-ce que cela signifie ? » dit-elle en souriant. Elle cogne l'autre tonneau, toc, toc ; il en sort un boisseau de doubles louis d'or. « Je n'entends rien à cela ! » dit-elle encore en souriant plus fort. Elle passe à un troisième tonneau, et cogne, toc, toc ; il en sort tant de perles et de diamans que la terre en étoit toute couverte. « Ah! s'écria-t-elle, je n'y comprends rien, Sire, il faut qu'on m'ait volé mon bon vin, et qu'on ait mis à la place ces bagatelles. — Bagatelles! dit le roi, qui étoit bien étonné; vertuchou, Madame Grognon, appelez-vous cela des bagatelles? il y en a pour acheter dix royaumes grands comme Paris. — Hé bien, dit-elle, sachez que tous ces tonneaux sont pleins d'or et de pierreries : je vous en ferai le maître à condition que vous m'épouserez. — Ah! répliqua le roi, qui aimoit uniquement l'argent, je ne demande pas mieux; dès demain si vous voulez. — Mais, dit-elle, il y a encore une condition, c'est que je veux être maîtresse de votre fille comme l'étoit sa mère; qu'elle dépende entièrement de moi, et que vous m'en laissiez la disposition. — Vous en serez la maîtresse, dit le roi; touchez là. » Grognon mit la main dans la sienne; ils sortirent ensemble de la riche cave, dont elle lui donna la clef.

Aussitôt il revint à son palais. Gracieuse, entendant le roi son père, courut au-devant de lui; elle l'embrassa, et lui demanda s'il avoit fait une bonne chasse. « J'ai pris, dit-il, une colombe tout en vie. — Ah! Sire, dit la princesse, donnez-la-moi, je la nourrirai. — Cela ne se peut, continua-t-il, car, pour m'expliquer plus intelligiblement, il faut vous raconter que j'ai rencontré la duchesse Grognon, et que je l'ai prise pour ma femme. —

O Ciel! s'écria Gracieuse dans son premier mouvement, peut-on l'appeler une colombe? C'est bien plutôt une chouette. — Taisez-vous, dit le roi en se fâchant, je prétends que vous l'aimiez et la respectiez autant que si elle étoit votre mère. Allez promptement vous parer, car je veux retourner dès aujourd'hui au-devant d'elle. »

La princesse étoit fort obéissante; elle entra dans sa chambre afin de s'habiller. Sa nourrice connut bien sa douleur à ses yeux. « Qu'avez-vous, ma chère petite? lui dit-elle; vous pleurez? — Hélas! ma pauvre nourrice, répliqua Gracieuse, qui ne pleureroit? Le roi me va donner une marâtre, et, pour comble de disgrâce, c'est ma plus cruelle ennemie; c'est, en un mot, l'affreuse Grognon. Quel moyen de la voir dans ces beaux lits que la reine ma bonne mère avoit si délicatement brodés de ses mains? Quel moyen de caresser une magote qui voudroit m'avoir donné la mort? — Ma chère enfant, répliqua la nourrice, il faut que votre esprit vous élève autant que votre naissance; les princesses comme vous doivent de plus grands exemples que les autres. Et quel plus bel exemple y a-t-il que d'obéir à son père, et de se faire violence pour lui plaire? Promettez-moi donc que vous ne témoignerez point à Grognon la peine que vous avez. » La princesse ne pouvoit s'y résoudre; mais la sage nourrice lui dit tant de raisons qu'enfin elle s'engagea de faire bon visage et d'en bien user avec sa belle-mère.

Elle s'habilla aussitôt d'une robe verte à fond d'or; elle laissa tomber ses blonds cheveux sur ses épaules, flottans au gré du vent, comme c'étoit la mode en ce temps-là, et elle mit sur sa tête une légère couronne de roses et de jasmins, dont toutes les feuilles étoient d'émeraudes. En cet état Vénus mère des Amours auroit été moins belle; cependant la tristesse qu'elle ne pouvoit surmonter paroissoit sur son visage.

Mais, pour revenir à Grognon, cette laide créature étoit bien occupée à se parer. Elle se fit faire un soulier plus haut de demi-coudée que l'autre, pour paroître un peu moins boiteuse; elle se fit faire un corps rembourré sur une épaule pour cacher sa bosse, elle mit un œil d'émail le mieux fait qu'elle put trouver, elle se farda pour se blanchir, elle teignit ses cheveux roux en noir; puis elle mit une robe de satin amarante doublée de bleu, avec une jupe jaune et des rubans violets. Elle voulut faire son entrée à cheval, parce qu'elle avoit ouï dire que les reines d'Espagne faisoient ainsi la leur.

Pendant que le roi donnoit ses ordres et que Gracieuse attendoit le moment de partir pour aller au-devant de Grognon, elle descendit toute seule dans le jardin, et passa dans un petit bois fort sombre où elle s'assit sur l'herbe. « Enfin, dit-elle, me voici en liberté; je peux pleurer tant que je voudrai sans qu'on s'y oppose. » Aussitôt elle se prit à soupirer et pleurer tant et tant que ses yeux paroissoient deux fontaines d'eau vive. En cet état elle ne songeoit plus à retourner au palais, quand elle vit venir un page vêtu de satin vert, qui avoit des plumes blanches et la plus belle tête du monde; il mit un genou en terre et lui dit : « Princesse, le roi vous attend. » Elle demeura surprise de tous les agrémens qu'elle remarquoit en ce jeune page, et, comme elle ne le connoissoit point, elle crut qu'il devoit être du train de Grognon. « Depuis quand, lui dit-elle, le roi vous a-t-il reçu au nombre de ses pages? — Je ne suis pas au roi, Madame, lui dit-il; je suis à vous et je ne veux être qu'à vous. — Vous êtes à moi? répliqua-t-elle tout étonnée, et je ne vous connois point. — Ah! Princesse! lui dit-il, je n'ai pas encore osé me faire connoître; mais les malheurs dont vous êtes menacée par le mariage du roi m'obligent à vous parler plus tôt que je n'aurois fait. J'avois résolu de laisser au temps et à mes services le soin de vous déclarer ma passion, et... — Quoi! un page, s'écria la princesse, un page a l'audace de me dire qu'il m'aime! Voici le comble à mes disgraces. — Ne vous effrayez point, belle Gracieuse, lui dit-il d'un air tendre et respectueux; je suis Percinet, prince assez connu par mes richesses et mon savoir pour que vous ne trouviez point d'inégalité entre nous. Il n'y a que votre mérite et votre beauté qui puissent y en mettre. Je vous aime depuis longtemps ; je suis souvent dans les lieux où vous êtes, sans que vous me voyiez. Le don de féerie que j'ai reçu en naissant m'a été d'un grand secours pour me procurer le plaisir de vous voir : je vous accompagnerai aujourd'hui partout sous cet habit, et j'espère ne vous être pas tout à fait inutile. » A mesure qu'il parloit, la princesse le regardoit dans un étonnement dont elle ne pouvoit revenir. « C'est vous, beau Percinet, lui dit-elle, c'est vous que j'avois tant d'envie de voir et dont on raconte des choses si surprenantes ! Que j'ai de joie que vous vouliez être de mes amis ! Je ne crains plus la méchante Grognon, puisque vous entrez dans mes intérêts. » Ils se dirent encore quelques paroles, et puis Gracieuse fut au palais, où elle trouva un cheval tout harnaché et caparaçonné que Percinet avoit fait entrer dans l'écurie, et que l'on crut qui étoit pour elle : elle monta dessus. Comme c'étoit un grand sauteur, le page le prit par la bride, et la conduisoit, se tournant à tous momens vers la princesse pour avoir le plaisir de la regarder.

Quand le cheval qu'on menoit à Grognon parut auprès de celui de Gracieuse, il avoit l'air d'une franche rosse, et la housse du beau cheval étoit si éclatante de pierreries que celle de l'autre ne pouvoit entrer en comparaison. Le roi, qui étoit occupé de mille choses, n'y prit pas garde; mais les seigneurs n'avoient des yeux que pour la princesse, dont ils admiroient la beauté, et pour son page vert, qui étoit lui seul plus joli que tous ceux de la cour.

On trouva Grognon en chemin, dans une calèche découverte, plus laide et plus mal bâtie qu'une paysanne. Le roi et la princesse l'embrassèrent : on lui présenta son cheval pour monter dessus; mais, voyant celui de Gracieuse : « Comment! dit-elle, cette créature aura un plus beau cheval que moi! J'aimerois mieux n'être jamais reine et retourner à mon riche château que d'être traitée d'une telle manière. » Le roi aussitôt commanda à la princesse de mettre pied à terre, et de prier Grognon de lui faire l'honneur de monter sur son cheval. La princesse obéit sans répliquer. Grognon ne la regarda ni ne la remercia ; elle se fit guinder sur le beau cheval : elle ressembloit à un paquet de linge sale. Il y avoit huit gentilshommes qui la tenoient, de peur qu'elle ne tombât. Elle n'étoit pas encore contente ; elle grommeloit des menaces entre ses dents. On lui demanda ce qu'elle avoit. « J'ai, dit-elle, qu'étant la maîtresse, je veux que le page vert tienne la bride de mon cheval, comme il faisoit quand Gracieuse le montoit. » Le roi ordonna au page vert de conduire le cheval de la reine. Percinet jeta les yeux sur la princesse, et elle sur lui, sans dire un pauvre mot : il obéit, et toute la cour se mit en marche ; les tambours et les trompettes faisoient un bruit désespéré. Grognon étoit ravie : avec son nez plat et sa bouche de travers, elle ne se seroit pas changée pour Gracieuse.

Mais, dans le temps que l'on y pensoit le moins, voilà le beau cheval qui se met à sauter, à ruer et à courir si vite que, personne ne pouvant l'arrêter, il emporta Grognon. Elle se tenoit à la selle et aux crins, elle crioit de toute sa force ; enfin elle tomba le pied pris dans l'étrier. Il la traîna bien loin sur des pierres, sur des épines et dans la boue, où elle resta presque ensevelie. Comme chacun la suivoit, on l'eut bientôt jointe : elle étoit tout écorchée, sa tête cassée en quatre ou cinq endroits, un bras rompu ; il n'a jamais été une mariée en plus mauvais état.

Le roi paroissoit au désespoir. On la ramassa comme un verre brisé en pièces : son bonnet étoit d'un côté, ses souliers de l'autre ; on la porta dans la ville, on la coucha, et l'on fit venir les meilleurs chirurgiens. Toute malade qu'elle étoit, elle ne laissoit pas de tempêter. « Voilà un tour de Gracieuse, disoit-elle ; je suis certaine qu'elle n'a pris ce beau et méchant cheval que pour m'en faire envie, et qu'il me tuât : si le roi ne m'en fait pas raison, je retournerai dans mon riche château, et je ne le verrai de mes jours. » L'on fut dire au roi la colère de Grognon. Comme sa passion dominante étoit l'intérêt, la seule idée de perdre les mille tonneaux d'or et de diamans le fit frémir, et l'auroit porté à tout. Il accourut auprès de la crasseuse malade; il se mit à ses pieds, et lui jura qu'elle n'avoit qu'à prescrire une punition proportionnée à la faute de Gracieuse, et qu'il l'abandonnoit à son ressentiment. Elle lui dit que cela suffisoit, qu'elle l'alloit envoyer quérir.

En effet, on vint dire à la princesse que Grognon la demandoit. Elle devint pâle et tremblante, se doutant bien que ce n'étoit pas pour la caresser; elle regarda de tous côtés si Percinet ne paroissoit point; elle ne le vit pas, et elle s'achemina bien triste vers l'appartement de Grognon. A peine y fut-elle entrée qu'on ferma les portes; puis quatre femmes, qui ressembloient à quatre furies, se jetèrent sur elle par l'ordre de leur maîtresse, lui arrachèrent ses beaux habits, et déchirèrent sa chemise. Quand ses épaules furent découvertes, ces cruelles mégères ne pouvoient soutenir l'éclat de leur blancheur : elles fermoient les yeux comme si elles eussent regardé longtemps de la neige. « Allons, allons, courage, crioit l'impitoyable Grognon du fond de son lit; qu'on me l'écorche, et qu'il ne lui reste pas un petit morceau de cette peau blanche qu'elle croit si belle. »

En toute autre détresse, Gracieuse auroit souhaité le beau Percinet; mais, se voyant presque nue, elle étoit trop modeste pour vouloir que ce prince en fût témoin, et elle se préparoit à tout souffrir comme un pauvre mouton. Les quatre furies tenoient chacune une poignée de verges épouvantable; elles avoient encore de gros balais pour en prendre de nouvelles, de sorte qu'elles l'assommoient sans quartier, et à chaque coup la Grognon disoit : « Plus fort, plus fort ! vous l'épargnez. »

Il n'y a personne qui ne croie après cela que la princesse étoit écorchée depuis la tête jusques aux pieds : l'on se trompe quelquefois, car le galant Percinet avoit fasciné les yeux de ces femmes; elles pensoient avoir des verges à la main, c'étoient des plumes de mille couleurs, et, dès qu'elles commencèrent, Gracieuse les vit et cessa d'avoir peur, disant tout bas : « Ah! Percinet, vous m'êtes venu secourir bien généreusement ! Qu'aurois-je fait sans vous? » Les fouetteuses se lassèrent tant qu'elles ne pouvoient plus remuer les bras; elles la tamponnèrent dans ses habits, et la mirent dehors avec mille injures.

Elle revint dans sa chambre, feignant d'être bien malade; elle se mit au lit, et commanda qu'il ne restât auprès d'elle que sa nourrice, à qui elle conta toute son aventure. A force de conter, elle s'endormit ; la nourrice s'en alla, et en se réveillant elle vit dans un petit coin le page vert, qui n'osoit par respect s'approcher. Elle lui dit qu'elle n'oublicroit de sa vie les obligations qu'elle lui avoit ; qu'elle le conjuroit de ne la pas abandonner à la fureur de son ennemie, et de vouloir se retirer, parce qu'on lui avoit toujours dit qu'il ne falloit pas demeurer seule avec les garçons. Il répliqua qu'elle pouvoit remarquer avec quel respect il en usoit ; qu'il étoit bien juste, puisqu'elle étoit sa maîtresse, qu'il lui obéît en toutes choses, même aux dépens de sa propre satisfaction. Là-dessus il la quitta, après lui avoir conseillé de feindre d'être malade du mauvais traitement qu'elle avoit reçu.

Grognon fut si aise de savoir Gracieuse en cet état qu'elle en guérit la moitié plus tôt qu'elle n'auroit fait ; et les noces s'achevèrent avec une grande magnificence. Mais, comme le roi savoit que pardessus toutes choses Grognon aimoit à être vantée pour belle, il fit faire son portrait, et ordonna un tournoi, où six des plus adroits chevaliers de la cour devoient soutenir envers et contre tous que la reine Grognon étoit la plus belle princesse de l'univers. Il vint beaucoup de chevaliers et d'étrangers pour soutenir le contraire. Cette magote étoit présente à tout, placée sur un grand balcon tout couvert de brocart d'or, et elle avoit le plaisir de voir que l'adresse de ses chevaliers lui faisoit gagner sa méchante cause. Gracieuse étoit derrière elle, qui s'attiroit mille regards. Grognon, folle et vaine, croyoit qu'on n'avoit des yeux que pour elle.

Il n'y avoit presque plus personne qui osât disputer sur la beauté de Grognon, lorsqu'on vit arriver un jeune chevalier qui tenoit un portrait dans une boîte de diamans. Il dit qu'il soutenoit que Grognon étoit la plus laide de toutes les femmes, et que celle qui étoit peinte dans sa boîte étoit la plus belle de toutes les filles. En même temps il court contre les six chevaliers, qu'il jette par terre; il s'en présente six autres, et jusqu'à vingt-quatre, qu'il abattit tous; puis il ouvrit sa boîte, et il leur dit que pour les consoler il alloit leur montrer ce beau portrait. Chacun le reconnut pour être celui de la princesse Gracieuse : il lui fit une profonde révérence, et se retira sans avoir voulu dire son nom, mais elle ne douta point que ce ne fût Percinet.

La colère pensa suffoquer Grognon : la gorge lui enfla; elle ne pouvoit prononcer une parole. Elle faisoit signe que c'étoit à Gracieuse qu'elle en vouloit, et, quand elle put s'en expliquer, elle se mit à faire une vie de désespérée. « Comment! disoit-elle, oser me disputer le prix de la beauté! Faire recevoir un tel affront à mes chevaliers! Non, je ne puis le souffrir; il faut que je me venge ou que je meure. — Madame, lui dit la princesse, je vous proteste que je n'ai aucune part à ce qui vient d'arriver; je signerai de mon sang, si vous voulez, que vous êtes la plus belle personne du monde, et que je suis un monstre de laideur. — Ah! vous plaisantez, ma petite mignonne, répliqua Grognon; mais j'aurai mon tour avant peu. » L'on alla dire au roi les fureurs de sa femme, et que la princesse mouroit de peur; qu'elle le supplioit d'avoir pitié d'elle, parce que, s'il l'abandonnoit à la reine, elle lui feroit mille maux. Il ne s'en émut pas davantage, et répondit seulement : « Je l'ai donnée à sa belle-mère, elle en fera comme il lui plaira. »

La méchante Grognon attendoit la nuit impatiemment. Dès qu'elle fut venue, elle fit mettre les chevaux à sa chaise roulante ; l'on obligea Gracieuse d'y monter, et sous une grosse escorte on la conduisit à cent lieues de là, dans une grande forêt, où personne n'osoit passer parce qu'elle étoit pleine de lions, d'ours, de tigres et de loups. Quand ils eurent percé jusqu'au milieu de cette horrible forêt, ils la firent descendre et l'abandonnèrent, quelque prière qu'elle pût leur faire d'avoir pitié d'elle. « Je ne vous demande pas la vie, leur disoit-elle, je ne vous demande qu'une prompte mort; tuez-moi pour m'épargner tous les maux qui vont m'arriver. » C'étoit parler à des sourds; ils ne daignèrent pas lui répondre, et, s'éloignant d'elle d'une grande vitesse, ils laissèrent cette belle et malheureuse fille toute seule. Elle marcha quelque temps sans savoir où elle alloit, tantôt se heurtant contre un arbre, tantôt tombant, tantôt embarrassée dans les buissons; enfin, accablée de douleur, elle se jeta par terre, sans avoir la force de se relever. « Percinet, s'écrioit-elle quelquefois, Percinet, où êtes-vous? Est-il possible que vous m'ayez abandonnée? » Comme elle disoit ces mots, elle vit tout d'un coup la plus belle et la plus surprenante chose du monde : c'étoit une illumination si magnifique qu'il n'y avoit pas un arbre dans la forêt où il n'y eût plusieurs lustres remplis de bougies, et dans le fond d'une allée elle aperçut un palais tout de cristal, qui brilloit autant que le soleil. Elle commença de croire qu'il entroit du Percinet dans ce nouvel enchantement; elle sentit une joie mêlée de crainte. « Je suis seule, disoit-elle; ce prince est jeune, aimable, amoureux; je lui dois la vie. Ah! c'en est trop! éloignons-nous de lui : il vaut mieux mourir que de l'aimer. » En disant ces mots, elle se leva malgré sa lassitude et sa foiblesse, et, sans tourner les yeux vers le beau château, elle marcha d'un autre côté, si troublée et si confuse dans les différentes pensées qui l'agitoient qu'elle ne savoit pas ce qu'elle faisoit.

Dans ce moment elle entendit du bruit derrière

elle : la peur la saisit, elle crut que c'étoit quelque
bête féroce qui l'alloit dévorer. Elle regarda en
tremblant, et elle vit le prince Percinet aussi beau
que l'on dépeint l'Amour. « Vous me fuyez, lui
dit-il, ma princesse; vous me craignez quand je
vous adore. Est-il possible que vous soyez si peu
instruite de mon respect que de me croire capable
d'en manquer pour vous? Venez, venez sans alarme
dans le Palais de féerie, je n'y entrerai pas si vous
me le défendez; vous y trouverez la reine ma mère,
et mes sœurs, qui vous aiment déjà tendrement, sur
ce que je leur ai dit de vous. » Gracieuse, charmée
de la manière soumise et engageante dont lui parloit son jeune amant, ne put refuser d'entrer avec
lui dans un petit traîneau peint et doré, que deux
cerfs tiroient d'une vitesse prodigieuse, de sorte qu'en
très peu de temps il la conduisit en mille endroits
de cette forêt, qui lui semblèrent admirables. On
voyoit clair partout; il y avoit des bergers et des
bergères vêtus galamment, qui dansoient au son
des flûtes et des musettes. Elle voyoit en d'autres
lieux, sur le bord des fontaines, des villageois avec
leurs maîtresses, qui mangeoient et qui chantoient
gaiement. « Je croyois, lui dit-elle, cette forêt inha-
bitée, mais tout m'y paroît peuplé et dans la joie.
— Depuis que vous y êtes, ma princesse, répliqua
Percinet, il n'y a plus dans cette sombre solitude
que des plaisirs et d'agréables amusemens; les

Amours vous accompagnent, les fleurs naissent sous vos pas. » Gracieuse n'osa répondre : elle ne vouloit point s'embarquer dans ces sortes de conversations, et elle pria le prince de la mener auprès de la reine sa mère.

Aussitôt il dit à ses cerfs d'aller au Palais de féerie. Elle entendit en arrivant une musique admirable, et la reine avec deux de ses filles, qui étoient toutes charmantes, vinrent au-devant d'elle, l'embrassèrent, et la menèrent dans une grande salle, dont les murs étoient de cristal de roche : elle y remarqua avec beaucoup d'étonnement que son histoire jusqu'à ce jour y étoit gravée, et même la promenade qu'elle venoit de faire avec le prince dans le traîneau; mais cela étoit d'un travail si fini que les Phidias et tout ce que l'ancienne Grèce nous vante n'en auroient pu approcher. « Vous avez des ouvriers bien diligens, dit Gracieuse à Percinet; à mesure que je fais une action et un geste, je le vois gravé. — C'est que je ne veux rien perdre de tout ce qui a quelque rapport à vous, ma princesse, répliqua-t-il. Hélas! en aucun endroit je ne suis ni heureux ni content. » Elle ne lui répondit rien, et remercia la reine de la manière dont elle la recevoit. On servit un grand repas, où Gracieuse mangea de bon appétit, car elle étoit ravie d'avoir trouvé Percinet au lieu des ours et des lions qu'elle craignoit dans la forêt. Quoiqu'elle fût bien lasse, il l'engagea de passer dans un salon tout brillant d'or et de peintures, où l'on représenta un opéra : c'étoient les amours de Psyché et de Cupidon, mêlés de danses et de petites chansons. Un jeune berger vint chanter ces paroles :

> L'on vous aime, Gracieuse, et le dieu d'amour même
> Ne sçauroit pas aimer au point que l'on vous aime.
> Imitez pour le moins les tigres et les ours,
> Qui se laissent dompter aux plus petits Amours.
> Des plus fiers animaux le naturel sauvage
> S'adoucit aux plaisirs où l'Amour les engage :
> Tous parlent de l'Amour et s'en laissent charmer ;
> Vous seule êtes farouche et refusez d'aimer.

Elle rougit de s'être ainsi entendu nommer devant la reine et les princesses ; elle dit à Percinet qu'elle avoit quelque peine que tout le monde entrât dans leurs secrets. « Je me souviens là-dessus d'une maxime, continua-t-elle, qui m'agrée fort :

> Ne faites point de confidence,
> Et soyez sûr que le silence
> A pour moi des charmes puissans :
> Le monde a d'étranges maximes ;
> Les plaisirs les plus innocens
> Passent quelquefois pour des crimes. »

Il lui demanda pardon d'avoir fait une chose qui lui avoit déplu. L'opéra finit, et la reine l'envoya conduire dans son appartement par les deux princesses. Il n'a jamais été rien de plus magnifique que les meubles, ni de si galant que le lit et la chambre où elle devoit coucher. Elle fut servie par vingt-quatre filles vêtues en nymphes ; la plus vieille avoit dix-huit ans, et chacune paroissoit un miracle de beauté. Quand on l'eut mise au lit, l'on commença une musique ravissante pour l'endormir; mais elle étoit si surprise qu'elle ne pouvoit fermer les yeux. « Tout ce que j'ai vu, disoit-elle, sont des enchantemens. Qu'un prince si aimable et si habile est à redouter! Je ne peux m'éloigner trop tôt de ces lieux. » Cet éloignement lui faisoit beaucoup de peine : quitter un palais si magnifique pour se mettre entre les mains de la barbare Grognon, la différence étoit grande ; on hésiteroit à moins. D'ailleurs, elle trouvoit Percinet si engageant qu'elle ne vouloit pas demeurer dans un palais dont il étoit le maître.

Lorsqu'elle fut levée, on lui présenta des robes de toutes les couleurs, des garnitures de pierreries de toutes les manières, des dentelles, des rubans, des gants et des bas de soie ; tout cela d'un goût merveilleux : rien n'y manquoit. On lui mit une toilette d'or ciselée; elle n'avoit jamais été si bien parée et n'avoit jamais paru si belle. Percinet entra dans sa chambre, vêtu d'un drap d'or et vert (car le vert étoit sa couleur, parce que Gracieuse l'aimoit). Tout ce qu'on nous vante de mieux fait et de plus aimable n'approchoit pas de ce jeune prince. Gracieuse lui dit qu'elle n'avoit pu dormir, que le souvenir de ses malheurs la tourmentoit, et qu'elle ne savoit s'empêcher d'en appréhender les suites. « Qu'est-ce qui peut vous alarmer, Madame? lui dit-il. Vous êtes souveraine ici, vous y êtes adorée; voudriez-vous m'abandonner pour votre plus cruelle ennemie? — Si j'étois la maîtresse de ma destinée, lui dit-elle, le parti que vous me proposez seroit celui que j'accepterois; mais je suis comptable de mes actions au roi mon père; il vaut mieux souffrir que de manquer à mon devoir. » Percinet lui dit tout ce qu'il put au monde pour lui persuader de l'épouser, elle n'y voulut point consentir, et ce fut presque malgré elle qu'il la retint huit jours, pendant lesquels il imagina mille nouveaux plaisirs pour la divertir.

Elle disoit souvent au prince : « Je voudrois bien savoir ce qui se passe à la cour de Grognon, et comment elle s'est expliquée de la pièce qu'elle m'a faite. » Percinet lui dit qu'il y enverroit son écuyer, qui étoit homme d'esprit. Elle répliqua qu'elle étoit persuadée qu'il n'avoit besoin de personne pour être informé de ce qui se passoit, et qu'ainsi il pouvoit le lui dire. « Venez donc avec moi, lui dit-il, dans la grande tour, et vous le verrez vous-même. » Là-dessus il la mena au haut d'une tour prodigieusement haute, qui étoit toute de cristal de roche, comme le reste du château : il lui dit de mettre son pied sur le sien, et son petit doigt dans sa bouche, puis de regarder du côté de la ville. Elle aperçut aussitôt que la vilaine Grognon étoit avec le roi, et qu'elle lui disoit : « Cette misérable princesse s'est pendue dans la cave, je viens de la voir, elle fait horreur; il faut vitement l'enterrer et vous consoler d'une si petite perte. » Le roi se mit à pleurer la mort de sa fille. Grognon, lui tournant le dos, se retira dans sa chambre, et fit prendre une bûche, que l'on ajusta de cornettes, et bien enveloppée on la mit dans le cercueil; puis, par l'ordre du roi, on lui fit un grand enterrement, où tout le monde assista en pleurant, et maudissant la marâtre qu'ils accusoient de sa mort; chacun prit le grand deuil : elle entendoit les regrets qu'on faisoit de sa perte, qu'on disoit tout bas : « Quel dommage que cette belle et jeune princesse ait péri par les cruautés d'une si mauvaise créature! Il faudroit la hacher et en faire un pâté. » Le roi, ne pouvant ni boire ni manger, pleuroit de tout son cœur.

Gracieuse, voyant son père si affligé : « Ah! Percinet, dit-elle, je ne puis souffrir que mon père me croie plus longtemps morte; si vous m'aimez, remenez-moi. » Quelque chose qu'il pût lui dire, il fallut obéir, quoiqu'avec une répugnance extrême. « Ma princesse, lui disoit-il, vous regretterez plus d'une fois le Palais de féerie, car pour moi je n'ose croire que vous me regrettiez; vous m'êtes plus inhumaine que Grognon ne vous l'est. » Quoi qu'il sût lui dire, elle s'entêta de partir; elle prit congé de la mère et des deux sœurs du prince. Il monta avec elle dans le traîneau, les cerfs se mirent à courir, et, comme elle sortoit du palais, elle entendit un grand bruit ; elle regarda derrière elle : c'étoit l'édifice qui tomboit en mille morceaux. « Que vois-je ! s'écria-t-elle, il n'y a plus ici de palais ! — Non, lui répliqua Percinet, mon palais sera parmi les morts ; vous n'y entrerez qu'après votre enterrement. — Vous êtes en colère, lui dit Gracieuse en essayant de le radoucir ; mais, au fond, ne suis-je pas plus à plaindre que vous ? »

Quand ils arrivèrent, Percinet fit que la princesse, lui et le traîneau devinrent invisibles. Elle monta dans la chambre du roi, et fut se jeter à ses pieds. Lorsqu'il la vit, il eut peur et voulut fuir, la prenant pour un fantôme ; elle le retint, et lui dit qu'elle n'étoit point morte ; que Grognon l'avoit fait conduire dans la forêt sauvage ; qu'elle étoit montée au haut d'un arbre, où elle avoit vécu de fruits ; qu'on avoit fait enterrer une bûche à sa place, et qu'elle lui demandoit en grâce de l'envoyer dans quelqu'un de ses châteaux, où elle ne fût plus exposée aux fureurs de sa marâtre.

Le roi, incertain si elle lui disoit vrai, envoya déterrer la bûche, et demeura bien étonné de la malice de Grognon. Tout autre que lui l'auroit fait mettre à la place; mais c'étoit un pauvre homme foible, qui n'avoit pas le courage de se fâcher tout de bon : il caressa beaucoup sa fille et la fit souper avec lui. Quand les créatures de Grognon allèrent lui dire le retour de la princesse, et qu'elle soupoit avec le roi, elle commença de faire la forcenée, et, courant chez lui, elle lui dit qu'il n'y avoit point à balancer, qu'il falloit lui abandonner cette friponne, ou la voir partir dans le même moment pour ne revenir de sa vie; que c'étoit une supposition de croire qu'elle fût la princesse Gracieuse; qu'à la vérité elle lui ressembloit un peu, mais que Gracieuse s'étoit pendue, qu'elle l'avoit vue de ses yeux, et que, si l'on ajoutoit foi aux impostures de celle-ci, c'étoit manquer de considération et de confiance pour elle. Le roi, sans dire un mot, lui abandonna l'infortunée princesse, croyant ou feignant de croire que ce n'étoit pas sa fille.

Grognon, transportée de joie, la traîna, avec le secours de ses femmes, dans un cachot où elle la fit déshabiller. On lui ôta ses riches habits et on la couvrit d'un pauvre guenillon de grosse toile, avec des sabots dans ses pieds et un capuchon de bure sur sa tête; à peine lui donna-t-on un peu de paille pour se coucher et du pain bis.

Dans cette détresse, elle se prit à pleurer amèrement et à regretter le château de Féerie; mais elle n'osoit appeler Percinet à son secours, trouvant qu'elle en avoit trop mal usé pour lui, et ne pouvant se promettre qu'il l'aimât assez pour lui aider encore. Cependant la mauvaise Grognon avoit envoyé quérir une fée, qui n'étoit guère moins malicieuse qu'elle. « Je tiens, lui dit-elle, ici une petite coquine dont j'ai sujet de me plaindre ; je veux la faire souffrir et lui donner toujours des ouvrages difficiles, dont elle ne puisse venir à bout, afin de la pouvoir rouer de coups sans qu'elle ait lieu de s'en plaindre ; aidez-moi à lui trouver chaque jour de nouvelles peines. » La fée répliqua qu'elle y rêveroit et qu'elle reviendroit le lendemain. Elle n'y manqua pas ; elle apporta un écheveau de fil gros comme quatre personnes, si délié que le fil se cassoit à souffler dessus, et si mêlé qu'il étoit en un tapon, sans commencement ni fin. Grognon, ravie, envoya quérir sa belle prisonnière, et lui dit : « Çà, ma bonne commère, apprêtez vos grosses pattes pour dévider ce fil, et soyez assurée que, si vous en rompez un seul brin, vous êtes perdue, car je vous écorcherai moi-même. Commencez quand il vous plaira, mais je veux l'avoir dévidé avant que le soleil se couche. » Puis elle l'enferma sous trois clefs dans une chambre.

La princesse n'y fut pas plus tôt que, regardant ce gros écheveau, le tournant et le retournant, cassant mille fils pour un, elle demeura si interdite qu'elle ne voulut pas seulement tenter d'en rien dévider, et, le jetant au milieu de la place : « Va, dit-elle, fil fatal, tu seras cause de ma mort. Ah ! Percinet, Percinet, si mes rigueurs ne vous ont point trop rebuté, je ne demande pas que vous me veniez secourir, mais tout au moins venez recevoir mon dernier adieu. » Là-dessus elle se mit à pleurer si amèrement que quelque chose de moins sensible qu'un amant en auroit été touché. Percinet ouvrit la porte avec la même facilité que s'il en eût gardé la clef dans sa poche. « Me voici, ma princesse, lui dit-il, toujours prêt à vous servir ; je ne suis point capable de vous abandonner, quoique vous reconnoissiez mal ma passion. » Il frappa trois coups de sa baguette sur l'écheveau : les fils aussitôt se rejoignirent les uns aux autres, et en deux autres coups tout fut dévidé d'une propreté surprenante. Il lui demanda si elle souhaitoit encore quelque chose de lui, et si elle ne l'appelleroit jamais que dans ses détresses. « Ne me faites point de reproches, beau Percinet, dit-elle, je suis déjà assez malheureuse. — Mais, ma princesse, il ne tient qu'à vous de vous affranchir de la tyrannie dont vous êtes la victime ; venez avec moi, faisons notre commune félicité. Que craignez-vous ? — Que vous ne m'aimiez pas assez, répliqua-t-elle ; je veux que le temps me confirme vos sentimens. » Percinet, outré de ces soupçons, prit congé d'elle et la quitta.

Le soleil étoit sur le point de se coucher. Grognon en attendoit l'heure avec mille impatiences ; enfin elle la devança et vint avec ses quatre furies, qui l'accompagnoient partout ; elle mit les trois clefs dans les trois serrures, et disoit en ouvrant la porte : « Je gage que cette belle paresseuse n'aura fait œuvre de ses dix doigts ; elle aura mieux aimé dormir pour avoir le teint frais. »

Quand elle fut entrée, Gracieuse lui présenta le peloton de fil, où rien ne manquoit. Elle n'eut pas autre chose à dire, sinon qu'elle l'avoit sali, qu'elle étoit une malpropre, et pour cela elle lui donna deux soufflets, dont ses joues blanches et incarnates devinrent bleues et jaunes. L'infortunée Gracieuse souffrit patiemment une insulte qu'elle n'étoit pas en état de repousser ; on la ramena dans son cachot, où elle fut bien enfermée.

Grognon, chagrine de n'avoir pas réussi avec l'écheveau de fil, envoya quérir la fée, et la chargea de reproches. « Trouvez, lui dit-elle, quelque chose de plus mal-aisé, pour qu'elle n'en puisse venir à bout. » La fée s'en alla, et le lendemain elle fit apporter une grande tonne pleine de plumes. Il y en avoit de toutes sortes d'oiseaux, de rossignols, de serins, de tarins, de chardonnerets, linottes, fauvettes, perroquets, hiboux, moineaux, colombes, autruches, outardes, paons, alouettes, perdrix : je n'aurois jamais fait si je voulois tout nommer. Ces plumes étoient mêlées les unes parmi les autres ; les oiseaux mêmes n'auroient pu les reconnoître. « Voici, dit la fée en parlant à Grognon, de quoi éprouver l'adresse et la patience de votre prisonnière; commandez-lui de trier ces plumes, de mettre celles des paons à part, des rossignols à part, et qu'ainsi de chacune elle fasse un monceau : une fée y seroit assez nouvelle. » Grognon pâma de joie en se figurant l'embarras de la malheureuse princesse; elle l'envoya querir, lui fit ses menaces ordinaires, et l'enferma avec la tonne dans la chambre des trois serrures, lui ordonnant que tout l'ouvrage fût fini au coucher du soleil.

Gracieuse prit quelques plumes, mais il lui étoit impossible de connoître la différence des unes aux autres; elle les rejeta dans la tonne. Elle les prit encore, elle essaya plusieurs fois, et, voyant qu'elle tentoit une chose impossible : « Mourons, dit-elle d'un ton et d'un air désespérés; c'est ma mort que l'on souhaite, c'est elle qui finira mes malheurs; il ne faut plus appeler Percinet à mon secours : s'il m'aimoit, il seroit déjà ici. — J'y suis, Princesse, s'écria Percinet en sortant du fond de la tonne, où il étoit caché, j'y suis pour vous tirer de l'embarras où vous êtes; doutez, après tant de preuves de mon attention, que je vous aime plus que ma vie. » Aussitôt il frappa trois coups de sa baguette, et les plumes, sortant à milliers de la tonne, se rangeoient d'elles-mêmes par petits monceaux tout autour de la chambre. « Que ne vous dois-je point, Seigneur! lui dit Gracieuse; sans vous j'allois succomber; soyez certain de toute ma reconnoissance. » Le prince n'oublia rien pour lui persuader de prendre une ferme résolution en sa faveur; elle lui demanda du temps, et, quelque violence qu'il se fît, il lui accorda ce qu'elle vouloit.

Grognon vint; elle demeura si surprise de ce qu'elle voyoit qu'elle ne savoit plus qu'imaginer pour désoler Gracieuse : elle ne laissa pas de la battre, disant que les plumes étoient mal arrangées. Elle envoya quérir la fée, et se mit dans une colère horrible contre elle. La fée ne savoit que lui répondre, elle demeuroit confondue. Enfin, elle lui dit qu'elle alloit employer toute son industrie à faire une boîte qui embarrasseroit bien sa prisonnière si elle s'avisoit de l'ouvrir; et, quelques jours après, elle lui apporta une boîte assez grande. « Tenez, dit-elle à Grognon, envoyez porter cela quelque part par votre esclave; défendez-lui bien de l'ouvrir : elle ne pourra s'en empêcher, et vous serez contente. » Grognon ne manqua à rien. « Portez cette boîte, dit-elle, à mon riche château, et la mettez sur la table du cabinet; mais je vous défends, sur peine de mourir, de regarder ce qui est dedans. »

Gracieuse partit avec ses sabots, son habit de toile et son capuchon de laine; ceux qui la rencontroient disoient : « Voici quelque déesse déguisée », car elle ne laissoit pas d'être d'une beauté merveilleuse. Elle ne marcha guère sans se lasser beaucoup. En passant dans un petit bois qui étoit bordé d'une prairie agréable elle s'assit pour respirer un peu. Elle tenoit la boîte sur ses genoux, et tout d'un coup l'envie la prit de l'ouvrir. « Qu'est-ce qui m'en peut arriver? disoit-elle. Je n'y prendrai rien, mais tout au moins je verrai ce qui est dedans. » Elle ne réfléchit pas davantage aux conséquences, elle l'ouvrit, et aussitôt il en sort tant de petits hommes et de petites femmes, de violons, d'instrumens, de petites tables, petits cuisiniers, petits plats; enfin le géant de la troupe étoit haut comme le doigt. Ils sautent dans le pré, ils se séparent en plusieurs bandes, et commencent le plus joli bal que l'on ait jamais vu : les uns dansoient, les autres faisoient la cuisine, et les autres mangeoient; les petits violons jouoient à merveille. Gracieuse prit d'abord quelque plaisir à voir une chose si extraordinaire; mais, quand elle fut un peu délassée et qu'elle voulut les obliger de rentrer dans la boîte, pas un seul ne le voulut; les petits messieurs et les petites dames s'enfuyoient, les violons de même, et les cuisiniers, avec leurs marmites sur leurs têtes et les broches sur l'épaule, gagnoient le bois quand elle entroit dans le pré, et passoient dans le pré quand elle venoit dans le bois. « Curiosité trop indiscrète, disoit Gracieuse en pleurant, tu vas être bien favorable à mon ennemie ! Le seul malheur dont je pouvois me garantir m'arrive par ma faute : non, je ne puis assez me le reprocher. Percinet, s'écria-t-elle, Percinet, s'il est possible que vous aimiez encore une princesse si imprudente, venez m'aider dans la rencontre la plus fâcheuse de ma vie. » Percinet ne se fit pas appeler jusqu'à trois fois ; elle l'aperçut avec son riche habit vert. « Sans la méchante Grognon, lui dit-il, belle princesse, vous ne penseriez jamais à moi. — Ah ! jugez mieux de mes sentimens, répliqua-t-elle, je ne suis ni insensible au mérite, ni ingrate aux bienfaits ; il est vrai que j'éprouve votre constance, mais c'est pour la couronner quand j'en serai convaincue. » Percinet, plus content qu'il n'eût encore été, donna trois coups de baguette sur la boîte : aussitôt petits hommes, petites femmes, violons, cuisiniers et rôti, tout s'y plaça comme s'il ne s'en fût pas déplacé. Percinet avoit laissé dans le bois son chariot ; il pria la princesse de s'en servir pour aller au riche château : elle avoit bien besoin de cette voiture en l'état où elle étoit ; de sorte que, la rendant invisible, il la mena lui-même, et il eut le plaisir de lui tenir compagnie, plaisir auquel ma chronique dit qu'elle n'étoit pas indifférente dans le fond de son cœur ; mais elle cachoit ses sentimens avec soin.

Elle arriva au riche château, et, quand elle demanda de la part de Grognon qu'on lui ouvrît son cabinet, le gouverneur s'éclata de rire. « Quoi! lui dit-il, tu crois en quittant tes moutons entrer dans un si beau lieu ? Va, retourne où tu voudras, jamais sabots n'ont été sur un tel plancher. » Gracieuse le pria de lui écrire un mot comme quoi il la refusoit; il le voulut bien, et, sortant du riche château, elle trouva l'aimable Percinet qui l'attendoit et qui la ramena au palais. Il seroit difficile d'écrire tout ce qu'il lui dit pendant le chemin de tendre et de respectueux pour lui persuader de finir ses malheurs. Elle lui répliqua que, si Grognon lui faisoit encore un mauvais tour, elle y consentiroit.

Lorsque cette marâtre la vit revenir, elle se jeta sur la fée, qu'elle avoit retenue ; elle l'égratigna, et l'auroit étranglée, si une fée étoit étranglable. Gracieuse lui présenta le billet du gouverneur et la boîte : elle jeta l'un et l'autre au feu, sans daigner les ouvrir, et, si elle s'en étoit crue, elle y auroit bien jeté la princesse, mais elle ne différoit pas son supplice pour longtemps.

Elle fit faire un grand trou dans le jardin, aussi profond qu'un puits ; l'on posa dessus une grosse pierre. Elle s'alla promener, et dit à Gracieuse et à tous ceux qui l'accompagnoient : « Voici une pierre sous laquelle je suis avertie qu'il y a un trésor : allons, qu'on la lève promptement. » Chacun y mit la main, et Gracieuse comme les autres : c'étoit ce qu'on vouloit. Dès qu'elle fut au bord, Grognon la poussa rudement dans le puits, et on laissa retomber la pierre qui le fermoit.

Pour ce coup-là il n'y avoit plus rien à espérer : où Percinet l'auroit-il pu trouver, au fond de la terre? Elle en comprit bien les difficultés et se repentit d'avoir attendu si tard à l'épouser. « Que ma destinée est terrible! s'écria-t-elle. Je suis enterrée toute vivante; ce genre de mort est plus affreux qu'aucun autre. Vous êtes vengé de mes retardemens, Percinet, mais je craignois que vous ne fussiez de l'humeur légère des autres hommes, qui changent quand ils sont certains d'être aimés. Je voulois enfin être sûre de votre cœur. Mes injustes défiances sont cause de l'état où je me trouve. Encore, continuoit-elle, si je pouvois espérer que vous donnassiez des regrets à ma perte, il me semble qu'elle me seroit moins sensible. » Elle parloit ainsi pour soulager sa douleur, quand elle sentit ouvrir une petite porte, qu'elle n'avoit pu remarquer dans l'obscurité. En même temps elle aperçut le jour, et un jardin rempli de fleurs, de fruits, de fontaines, de grottes, de statues, de bocages et de cabinets; elle n'hésita point à y entrer. Elle s'avança dans une grande allée, rêvant dans son esprit quelle fin auroit ce commencement d'aventure; en même temps elle découvrit le château de Féerie : elle n'eut pas de peine à le reconnoître, sans compter que l'on n'en trouve guère tout de cristal de roche, et qu'elle y voyoit ses nouvelles aventures gravées. Percinet parut avec la reine sa mère et ses sœurs. « Ne vous en défendez plus, belle princesse, dit la reine à Gracieuse, il est temps de rendre mon fils heureux et de vous tirer de l'état déplorable où vous vivez sous la tyrannie de Grognon. » La princesse reconnoissante se jeta à ses genoux, et lui dit qu'elle pouvoit ordonner de sa destinée, et qu'elle lui obéiroit en tout ; qu'elle n'avoit pas oublié la prophétie de Percinet lorsqu'elle partit du palais de Féerie, quand il lui dit que ce même palais seroit parmi les morts, et qu'elle n'y entreroit qu'après avoir été enterrée ; qu'elle voyoit avec admiration son savoir, et qu'elle n'en avoit pas moins pour son mérite ; qu'ainsi elle l'acceptoit pour époux. Le prince se jeta à son tour à ses pieds ; en même temps le palais retentit de voix et d'instrumens, et les noces se firent avec la dernière magnificence. Toutes les fées de mille lieues à la ronde y vinrent avec des équipages somptueux ; les unes arrivèrent dans des chars tirés par des cygnes, d'autres par des dragons, d'autres sur des nues, d'autres dans des globes de feu. Entre celles-là parut la fée qui avoit aidé à Grognon à tourmenter Gracieuse ; quand elle la reconnut, l'on n'a jamais été plus surprise ; elle la conjura d'oublier ce qui s'étoit passé, et qu'elle chercheroit les moyens de réparer les maux qu'elle lui avoit fait souffrir. Ce qui est de vrai, c'est qu'elle ne voulut pas demeurer au festin, et que, remontant dans son char attelé de deux terribles serpens, elle vola au palais du roi ; en ce lieu elle chercha Grognon, et lui tordit le cou, sans que ses gardes ni ses femmes l'en pussent empêcher.

> C'est toi, triste et funeste Envie,
> Qui causes les maux des humains,
> Et qui de la plus belle vie
> Troubles les jours les plus sereins.
> C'est toi qui contre Gracieuse
> De l'indigne Grognon animas le courroux ;
> C'est toi qui conduisis les coups
> Qui la rendirent malheureuse.
> Hélas ! quel eût été son sort,
> Si de son Percinet la constance amoureuse
> Ne l'avoit tant de fois dérobée à la mort !
> Il méritoit la récompense
> Que reçut enfin son ardeur.
> Lorsque l'on aime avec constance,
> Tôt ou tard on se voit dans un parfait bonheur.

LA BELLE

AUX CHEVEUX D'OR

Il y avoit une fois la fille d'un roi qui étoit si belle qu'il n'y avoit rien de si beau dans le monde, et à cause qu'elle étoit si belle on la nommoit la Belle aux cheveux d'or : car ses cheveux étoient plus fins que de l'or, et blonds par merveille, tous frisés, qui lui tomboient jusque sur les pieds. Elle alloit toujours couverte de ses cheveux bouclés, avec une couronne de fleurs sur la tête et des habits brodés de diamans et de perles : tant il y a qu'on ne pouvoit la voir sans l'aimer.

Il y avoit un jeune roi de ses voisins qui n'étoit point marié, et qui étoit bien fait et bien riche. Quand il eut appris tout ce qu'on disoit de la Belle aux cheveux d'or, bien qu'il ne l'eût point encore vue, il se prit à l'aimer si fort qu'il en perdoit le boire et le manger, et il se résolut de lui envoyer un ambassadeur pour la demander en mariage. Il fit faire un carrosse magnifique à son ambassadeur; il lui donna plus de cent chevaux et de cent laquais, et lui recommanda bien de lui amener la princesse.

Quand il eut pris congé du roi et qu'il fut parti, toute la cour ne parloit d'autre chose; et le roi, qui ne doutoit pas que la Belle aux cheveux d'or ne consentît à ce qu'il souhaitoit, lui faisoit déjà faire de belles robes et des meubles admirables. Pendant que les ouvriers étoient occupés à travailler, l'ambassadeur, arrivé chez la Belle aux cheveux d'or, lui fit son petit message; mais, soit qu'elle ne fût pas ce jour-là de bonne humeur, ou que le compliment ne lui semblât pas à son gré, elle répondit à l'ambassadeur qu'elle remercioit le roi, et qu'elle n'avoit point envie de se marier.

L'ambassadeur partit de la cour de cette princesse, bien triste de ne la pas amener avec lui; il rapporta tous les présens qu'il lui avoit portés de la part du roi, car elle étoit fort sage et savoit bien qu'il ne faut pas que les filles reçoivent rien des garçons : aussi elle ne voulut jamais accepter les beaux diamans et le reste, et, pour ne pas mécontenter le roi, elle prit seulement un quarteron d'épingles d'Angleterre.

Quand l'ambassadeur arriva à la grande ville du roi, où il étoit attendu si impatiemment, chacun s'affligea de ce qu'il ne ramenoit point la Belle aux cheveux d'or, et le roi se prit à pleurer comme un enfant; on le consoloit sans en pouvoir venir à bout.

Il y avoit un jeune garçon à la cour qui étoit beau comme le soleil et le mieux fait de tout le royaume : à cause de sa bonne grâce et de son esprit, on le nommoit Avenant. Tout le monde l'aimoit, hors les envieux, qui étoient fâchés que le roi lui fît du bien et qu'il lui confiât tous les jours ses affaires.

Avenant se trouva avec des personnes qui parloient du retour de l'ambassadeur, et qui disoient qu'il n'avoit rien fait qui vaille; il leur dit, sans y prendre trop garde : « Si le roi m'avoit envoyé vers la Belle aux cheveux d'or, je suis certain qu'elle seroit revenue avec moi. » Tout aussitôt ces méchantes gens vont dire au roi : « Sire, vous ne savez pas ce que dit Avenant? Que, si vous l'aviez envoyé chez la Belle aux cheveux d'or, il l'auroit ramenée. Considérez bien sa malice : il prétend être plus beau que vous, et qu'elle l'auroit tant aimé qu'elle l'auroit suivi partout. » Voilà le roi qui se met en colère, en colère tant et tant qu'il étoit hors de lui. « Ah! ah! dit-il, ce joli mignon se moque de mon malheur, et il se prise plus que moi;

allons, qu'on le mette dans ma grosse tour, et qu'i y meure de faim. »

Les gardes du roi furent chez Avenant, qui ne pensoit plus à ce qu'il avoit dit; ils le traînèrent en prison et lui firent mille maux. Ce pauvre garçon n'avoit qu'un peu de paille pour se coucher, et il seroit mort, sans qu'il couloit une petite fontaine dans le pied de la tour, dont il buvoit un peu pour se rafraîchir, car la faim lui avoit bien séché la bouche.

Un jour qu'il n'en pouvoit plus, il disoit en soupirant : « De quoi se plaint le roi? Il n'a point de sujet qui lui soit plus fidèle que moi; je ne l'ai jamais offensé. » Le roi par hasard passoit proche de la tour, et, quand il entendit la voix de celui qu'il avoit tant aimé, il s'arrêta pour l'écouter, malgré ceux qui étoient avec lui, qui haïssoient Avenant, et qui disoient au roi : « A quoi vous amusez-vous, Sire? ne savez-vous pas que c'est un fripon? » Le roi répondit : « Laissez-moi là, je veux l'écouter. » Ayant ouï ses plaintes, les larmes lui en vinrent aux yeux; il ouvrit la porte de la tour, et l'appela. Avenant vint tout triste se mettre à genoux devant lui, et baisa ses pieds. « Que vous ai-je fait, Sire, lui dit-il, pour me traiter si durement? — Tu t'es moqué de moi et de mon ambassadeur, dit le roi. Tu as dit que, si je t'avois envoyé chez la Belle aux cheveux d'or, tu l'aurois bien amenée. — Il est vrai, Sire, répondit Avenant, que je lui aurois si bien fait connoître vos grandes qualités que je suis persuadé qu'elle n'auroit pu s'en défendre ; et en cela je n'ai rien dit qui ne vous dût être agréable. » Le roi trouva qu'effectivement il n'avoit point de tort ; il regarda de travers ceux qui lui avoient dit du mal de son favori, et il l'emmena avec lui, se repentant bien de la peine qu'il lui avoit faite.

Après l'avoir fait souper à merveille, il l'appela dans son cabinet, et lui dit : « Avenant, j'aime toujours la Belle aux cheveux d'or ; ses refus ne m'ont point rebuté ; mais je ne sais comment m'y prendre pour qu'elle veuille m'épouser : j'ai envie de t'y envoyer pour voir si tu pourras réussir. » Avenant répliqua qu'il étoit disposé de lui obéir en toutes choses, et qu'il partiroit dès le lendemain. « Ho ! dit le roi, je veux te donner un grand équipage. — Cela n'est point nécessaire, répondit-il, il ne me faut qu'un bon cheval avec des lettres de votre part. » Le roi l'embrassa, car il étoit ravi de le voir sitôt prêt.

Ce fut un lundi matin qu'il prit congé du roi et de ses amis pour aller à son ambassade tout seul, sans pompe et sans bruit. Il ne faisoit que rêver aux moyens d'engager la Belle aux cheveux d'or d'épouser le roi ; il avoit une écritoire dans sa poche, et, quand il lui venoit quelque belle pensée à mettre dans sa harangue, il descendoit de cheval, et s'asseyoit sous des arbres pour écrire afin de ne rien oublier. Un matin qu'il étoit parti à la petite pointe du jour, en passant dans une grande prairie, il lui vint une pensée fort jolie; il mit pied à terre, et se plaça contre des saules et des peupliers qui étoient plantés le long d'une petite rivière qui couloit au bord du pré. Après qu'il eut écrit, il regarda de tous côtés, charmé de se trouver en un si bel endroit. Il aperçut sur l'herbe une grosse carpe dorée, qui bâilloit et qui n'en pouvoit plus : car, ayant voulu attraper de petits moucherons, elle avoit sauté si haut hors de l'eau qu'elle s'étoit élancée sur l'herbe, où elle étoit près de mourir. Avenant en eut pitié, et, quoiqu'il fût jour maigre, et qu'il eût pu l'emporter pour son dîner, il fut la prendre et la remit doucement dans la rivière. Dès que ma commère la carpe sentit la fraîcheur de l'eau, elle commence à se réjouir, et se laisse couler jusqu'au fond; puis, revenant toute gaillarde au bord de la rivière : « Avenant, dit-elle, je vous remercie du plaisir que vous venez de me faire; sans vous je serois morte, et vous m'avez sauvée : je vous le revaudrai. » Après ce petit compliment, elle s'enfonça dans l'eau, et Avenant demeura bien surpris de l'esprit et de la grande civilité de la carpe.

Un autre jour qu'il continuoit son voyage, il vit

un corbeau bien embarrassé : ce pauvre oiseau étoit poursuivi par un gros aigle grand mangeur de corbeaux; il étoit près de l'attraper, et il l'auroit avalé comme une lentille, si Avenant n'eût eu compassion du malheur de cet oiseau. « Voilà, dit-il, comme les plus forts oppriment les plus foibles ; quelle raison a l'aigle de manger le corbeau ? » Il prend son arc, qu'il portoit toujours, et une flèche; puis, mirant bien l'aigle, croc, il lui décoche la flèche dans le corps, et le perce de part en part; il tombe mort, et le corbeau ravi vint se percher sur un arbre. « Avenant, lui dit-il, vous êtes bien généreux de m'avoir secouru, moi qui ne suis qu'un misérable corbeau ; mais je n'en demeurerai point ingrat, je vous le revaudrai. »

Avenant admira le bon esprit du corbeau, et continua son chemin. En entrant dans un grand bois, si matin qu'il ne voyoit qu'à peine à se conduire, il entendit un hibou qui crioit en hibou désespéré. « Ouais ! dit-il, voilà un hibou bien affligé ; il pourroit s'être laissé prendre dans quelques filets. » Il chercha de tous côtés, et enfin il trouva de grands filets que des oiseleurs avoient tendus la nuit pour attraper les oisillons. « Quelle pitié ! dit-il, les hommes ne sont faits que pour s'entre-tourmenter, ou pour persécuter de pauvres animaux, qui ne leur font ni tort ni dommage. » Il tira son couteau, et coupa les cordelettes. Le hibou prit l'essor, mais, revenant à tire-d'aile : « Avenant, dit-il, il n'est pas nécessaire que je vous fasse une longue harangue pour vous faire comprendre l'obligation que je vous ai ; elle parle assez d'elle-même : les chasseurs alloient venir, j'étois pris, j'étois mort sans votre secours ; j'ai le cœur reconnoissant, je vous le revaudrai. »

Voilà les trois plus considérables aventures qui arrivèrent à Avenant dans son voyage. Il étoit si pressé d'arriver qu'il ne tarda pas à se rendre au palais de la Belle aux cheveux d'or. Tout y étoit admirable ; l'on y voyoit les diamans entassés comme des pierres, les beaux habits, le bonbon, l'argent : c'étoient des choses merveilleuses ; et il pensoit en lui-même que, si elle quittoit tout cela pour venir chez le roi son maître, il faudroit qu'il jouât bien de bonheur. Il prit un habit de brocart, des plumes incarnates et blanches ; il se peigna, se poudra, se lava le visage ; il mit une riche écharpe toute brodée à son cou, avec un petit panier, et dedans un beau petit chien, qu'il avoit acheté en passant à Boulogne. Avenant étoit si bien fait, si aimable, il faisoit toutes choses avec tant de grâce, que, lorsqu'il se présenta à la porte du palais, tous les gardes lui firent une grande révérence, et l'on courut dire à la Belle aux cheveux d'or qu'Avenant, ambassadeur du roi son plus proche voisin, demandoit à la voir.

Sur ce nom d'Avenant, la princesse dit : « Cela me porte bonne signification ; je gagerois qu'il est joli, et qu'il plaît à tout le monde. — Vraiment oui, Madame, lui dirent toutes ses filles d'honneur, nous l'avons vu du grenier où nous accommodions votre filasse, et, tant qu'il a demeuré sous les fenêtres, nous n'avons pu rien faire. — Voilà qui est beau, répliqua la Belle aux cheveux d'or, de vous amuser à regarder les garçons. Çà, que l'on me donne ma grande robe de satin bleu brodée, et que l'on éparpille bien mes blonds cheveux ; que l'on me fasse des guirlandes de fleurs nouvelles ; que l'on me donne mes souliers hauts et mon éventail ; que l'on balaye ma chambre et mon trône : car je veux qu'il dise partout que je suis vraiment la Belle aux cheveux d'or. »

Voilà toutes les femmes qui s'empressent de la parer comme une reine ; elles étoient si hâtées qu'elles s'entre-cognoient et n'avançoient guère. Enfin la princesse passa dans sa galerie aux grands miroirs pour voir si rien ne lui manquoit, et puis elle monta sur son trône d'or, d'ivoire et d'ébène, qui sentoit comme baume ; et elle commanda à ses filles de prendre des instrumens et de chanter tout doucement pour n'étourdir personne.

L'on conduisit Avenant dans la salle d'audience ; il demeura si transporté d'admiration qu'il a dit depuis bien des fois qu'il ne pouvoit presque parler ;

néanmoins il prit courage, et fit sa harangue à merveille : il pria la princesse qu'il n'eût pas le déplaisir de s'en retourner sans elle. « Gentil Avenant, lui dit-elle, toutes les raisons que vous venez de me conter sont fort bonnes, et je vous assure que je serois bien aise de vous favoriser plus qu'un autre ; mais il faut que vous sachiez qu'il y a un mois que je fus me promener sur la rivière avec toutes mes dames, et, comme l'on me servit la collation, en ôtant mon gant je tirai de mon doigt une bague qui tomba par malheur dans la rivière : je la chérissois plus que mon royaume ; je vous laisse à juger de quelle affliction cette perte fut suivie. J'ai fait serment de n'écouter jamais aucune proposition de mariage que l'ambassadeur qui me proposera un époux ne me rapporte ma bague. Voyez à présent ce que vous avez à faire là-dessus : car, quand vous me parleriez quinze jours et quinze nuits, vous ne me persuaderiez pas de changer de sentiment. »

Avenant demeura bien étonné de cette réponse ; il lui fit une profonde révérence, et la pria de recevoir le petit chien, le panier et l'écharpe ; mais elle lui répliqua qu'elle ne vouloit point de présens, et qu'il songeât à ce qu'elle venoit de lui dire.

Quand il fut retourné chez lui, il se coucha sans souper, et son petit chien, qui s'appeloit Cabriolle, ne voulut pas souper non plus : il vint se mettre auprès de lui. Tant que la nuit fut longue, Avenant ne cessa point de soupirer. « Où puis-je prendre une bague tombée depuis un mois dans une grande rivière? disoit-il. C'est toute folie de l'entreprendre! La princesse ne m'a dit cela que pour me mettre dans l'impossibilité de lui obéir. » Il soupiroit et s'affligeoit très fort. Cabriolle, qui l'écoutoit, lui dit : « Mon cher maître, je vous prie, ne désespérez point de votre bonne fortune ; vous êtes trop aimable pour n'être pas heureux : allons dès qu'il fera jour au bord de la rivière. » Avenant lui donna deux petits coups de la main, et ne répondit rien ; mais, tout accablé de tristesse, il s'endormit.

Cabriolle, voyant le jour, cabriola tant qu'il l'éveilla, et lui dit : « Mon maître, habillez-vous, et sortons. » Avenant le voulut bien ; il se lève, s'habille et descend dans le jardin, et du jardin il va insensiblement au bord de la rivière, où il se promenoit son chapeau sur ses yeux et ses bras croisés l'un sur l'autre, ne pensant qu'à son départ, quand tout à coup il entendit qu'on l'appeloit. « Avenant, Avenant ! » Il regarde de tous côtés et ne voit personne ; il crut rêver. Il continue sa promenade ; on le rappelle : « Avenant, Avenant ! — Qui m'appelle ? » dit-il. Cabriolle, qui étoit fort petit, et qui regardoit de près dans l'eau, lui répliqua : « Ne me croyez ja-

mais si ce n'est une carpe dorée que j'aperçois. »
Aussitôt la grosse carpe paroît, et lui dit : « Vous
m'avez sauvé la vie dans le pré des Alisiers, où je
serois restée sans vous ; je vous promis de vous le
revaloir : tenez, cher Avenant, voici la bague de
la Belle aux cheveux d'or. » Il se baissa, et la prit
dans la gueule de ma commère la carpe, qu'il remercia mille fois.

Au lieu de retourner chez lui, il fut droit au
palais avec le petit Cabriolle, qui étoit bien aise
d'avoir fait venir son maître au bord de l'eau. L'on
alla dire à la princesse qu'il demandoit à la voir.
« Hélas ! dit-elle, ce pauvre garçon, il vient prendre
congé de moi ; il a considéré que ce que je veux
est impossible, et il va le dire à son maître. » L'on
fit entrer Avenant, qui lui présenta sa bague et
lui dit : « Madame la princesse, voilà votre commandement fait ; vous plaît-il recevoir le roi mon
maître pour époux ? » Quand elle vit sa bague où
il ne manquoit rien, elle resta si étonnée, si
étonnée, qu'elle croyoit rêver. « Vraiment, dit-elle, gracieux Avenant, il faut que vous soyez
favorisé de quelque fée, car naturellement cela
n'est pas possible. — Madame, dit-il, je n'en connois aucune, mais j'avois bien envie de vous obéir.
— Puisque vous avez si bonne volonté, continua-elle, il faut que vous me rendiez un autre service,
sans lequel je ne me marierai jamais. Il y a un

prince, qui n'est pas éloigné d'ici, appelé Galifron, lequel s'étoit mis dans l'esprit de m'épouser. Il me fit déclarer son dessein avec des menaces épouvantables, que, si je le refusois, il désoleroit mon royaume; mais jugez si je pouvois l'accepter : c'est un géant qui est plus haut qu'une haute tour; il mange un homme comme un singe mange un marron. Quand il va à la campagne, il porte dans ses poches de petits canons, dont il se sert au lieu de pistolets; et, lorsqu'il parle bien haut, ceux qui sont près de lui deviennent sourds. Je lui mandai que je ne voulois point me marier, et qu'il m'excusât; cependant il n'a point laissé de me persécuter; il tue tous mes sujets, et avant toutes choses il faut vous battre contre lui et m'apporter sa tête. »

Avenant demeura un peu étourdi de cette proposition; il rêva quelque temps, et puis il dit : « Eh bien, Madame, je combattrai Galifron; je crois que je serai vaincu, mais je mourrai en brave homme. » La princesse resta bien étonnée : elle lui dit mille choses pour l'empêcher de faire cette entreprise. Cela ne servit de rien, il se retira pour aller chercher des armes et tout ce qu'il lui falloit. Quand il eut ce qu'il vouloit, il remit le petit Cabriolle dans son panier, il monta sur son beau cheval, et fut dans le pays de Galifron. Il demandoit de ses nouvelles à ceux qu'il rencontroit, et chacun lui disoit que c'étoit un vrai démon, dont on n'osoit approcher : plus il entendoit dire cela, plus il avoit peur. Cabriolle le rassuroit, et lui disoit : « Mon cher maître, pendant que vous vous battrez, j'irai lui mordre les jambes ; il baissera la tête pour me chasser, et vous le tuerez. » Avenant admiroit l'esprit du petit chien, mais il savoit assez que son secours ne suffisoit pas.

Enfin il arriva proche du château de Galifron ; tous les chemins étoient couverts d'os et de carcasses d'hommes qu'il avoit mangés ou mis en pièces. Il ne l'attendit pas longtemps qu'il le vit venir à travers un bois ; sa tête passoit les plus grands arbres, et il chantoit d'une voix épouvantable :

> Où sont les petits enfans,
> Que je les croque à belles dents ?
> Il m'en faut tant, tant et tant
> Que le monde n'est suffisant.

Aussitôt Avenant se mit à chanter sur le même air :

> Approche, voici Avenant,
> Qui t'arrachera les dents ;
> Bien qu'il ne soit pas des plus grands,
> Pour te battre il est suffisant.

Les rimes n'étoient pas régulières, mais il fit la chanson fort vite, et c'est même un miracle comme il ne la fit pas plus mal, car il avoit horriblement peur. Quand Galifron entendit ces paroles, il re-

garda de tous côtés, et il aperçut Avenant l'épée à
la main, qui lui dit deux ou trois injures pour l'irriter. Il n'en fallut pas tant, il se mit dans une
colère effroyable, et, prenant une massue toute de
fer, il auroit assommé du premier coup le gentil
Avenant, sans qu'un corbeau vint se mettre sur le
haut de sa tête, et avec son bec il lui donna si
juste dans les yeux qu'il les creva; le sang couloit
sur son visage, il étoit comme un désespéré, frap-
pant de tous côtés. Avenant l'évitoit, et lui portoit de grands coups d'épée qu'il enfonçoit jusqu'à
la garde, et qui lui faisoient mille blessures, par où
il perdit tant de sang qu'il tomba. Aussitôt Avenant lui coupa la tête, bien ravi d'avoir été si heureux; et le corbeau, qui s'étoit perché sur un arbre,
lui dit : « Je n'ai pas oublié le service que vous me
rendîtes en tuant l'aigle qui me poursuivoit; je
vous promis de m'en acquitter, je crois l'avoir fait
aujourd'hui. — C'est moi qui vous dois tout, Monsieur du Corbeau, répliqua Avenant, je demeure
votre serviteur. » Il monta aussitôt à cheval, chargé
de l'épouvantable tête de Galifron.

Quand il arriva dans la ville, tout le monde le
suivoit, et crioit : « Voici le brave Avenant, qui
vient de tuer le monstre », de sorte que la princesse, qui entendit bien du bruit et qui trembloit
qu'on ne lui vînt apprendre la mort d'Avenant,
n'osoit demander ce qui lui étoit arrivé; mais elle

vit entrer Avenant avec la tête du géant, qui ne laissa pas de lui faire encore peur, bien qu'il n'y eût plus rien à craindre. « Madame, lui dit-il, votre ennemi est mort, j'espère que vous ne refuserez plus le roi mon maître. — Ah! si fait, dit la Belle aux cheveux d'or, je le refuserai, si vous ne trouvez moyen, avant mon départ, de m'apporter de l'eau de la grotte Ténébreuse.

« Il y a proche d'ici une grotte profonde qui a bien six lieues de tour; on trouve à l'entrée deux dragons qui empêchent qu'on n'y entre : ils ont du feu dans la gueule et dans les yeux; puis, lorsqu'on est dans la grotte, on trouve un grand trou dans lequel il faut descendre : il est plein de crapauds, de couleuvres et de serpens. Au fond de ce trou il y a une petite cave où coule la fontaine de Beauté et de Santé : c'est de cette eau que je veux absolument. Tout ce qu'on en lave devient merveilleux; si l'on est belle, on demeure toujours belle; si l'on est laide, on devient belle; si l'on est jeune, on reste jeune; si l'on est vieille, on devient jeune. Vous jugez bien, Avenant, que je ne quitterai pas mon royaume sans en emporter.

— Madame, lui dit-il, vous êtes si belle que cette eau vous est bien inutile; mais je suis un malheureux ambassadeur dont vous voulez la mort : je vais vous aller chercher ce que vous désirez, avec la certitude de n'en pouvoir revenir. »

La Belle aux cheveux d'or ne changea point de dessein, et Avenant partit avec le petit chien Cabriolle, pour aller à la grotte Ténébreuse chercher de l'eau de Beauté. Tous ceux qu'il rencontroit sur le chemin disoient : « C'est une pitié de voir un garçon si aimable s'aller perdre de gaieté de cœur ; il va seul à la grotte, et, quand il iroit lui centième, il n'en pourroit venir à bout. Pourquoi la princesse ne veut-elle que des choses impossibles ? » Il continuoit de marcher, et ne disoit pas un mot ; mais il étoit bien triste.

Il arriva vers le haut d'une montagne, où il s'assit pour se reposer un peu, et il laissa paître son cheval et courir Cabriolle après des mouches ; il savoit que la grotte Ténébreuse n'étoit pas loin de là, il regardoit s'il ne la verroit point ; enfin il aperçut un vilain rocher noir comme de l'encre, d'où sortoit une grosse fumée, et au bout d'un moment un des dragons qui jetoit du feu par les yeux et par la gueule : il avoit le corps jaune et vert, des griffes, et une longue queue qui faisoit plus de cent tours. Cabriolle vit tout cela : il ne savoit où se cacher, tant il avoit de peur.

Avenant, tout résolu de mourir, tira son épée, et descendit avec une fiole que la Belle aux cheveux d'or lui avoit donnée pour la remplir de l'eau de Beauté. Il dit à son petit chien Cabriolle : « C'est fait de moi ! je ne pourrai jamais avoir de cette eau qui est gardée par les dragons ; quand je serai mort, remplis la fiole de mon sang, et la porte à la princesse, pour qu'elle voie ce qu'elle me coûte ; et puis va trouver le roi mon maître, et lui conte mon malheur. » Comme il parloit ainsi, il entendit qu'on l'appeloit : « Avenant, Avenant ! » Il dit : « Qui m'appelle ? » et il vit un hibou dans le trou d'un vieux arbre, qui lui dit : « Vous m'avez retiré du filet des chasseurs où j'étois pris, et vous me sauvâtes la vie ; je vous promis que je vous le revaudrois, en voici le temps. Donnez-moi votre fiole ; je sais tous les chemins de la grotte Ténébreuse, je vais vous quérir l'eau de Beauté. » Dame ! qui fut bien aise ? je vous le laisse à penser. Avenant lui donna vite sa fiole, et le hibou entra sans nul empêchement dans la grotte. En moins d'un quart d'heure, il revint rapporter la bouteille bien bouchée. Avenant fut ravi, il le remercia de tout son cœur, et, remontant la montagne, il prit le chemin de la ville bien joyeux.

Il alla droit au palais, il présenta la fiole à la Belle aux cheveux d'or, qui n'eut plus rien à dire : elle remercia Avenant, et donna ordre à tout ce qu'il lui falloit pour partir ; puis elle se mit en voyage avec lui. Elle le trouvoit bien aimable, et elle lui disoit quelquefois : « Si vous aviez voulu, je vous aurois fait roi ; nous ne serions point partis de mon royaume. » Mais il répondoit : « Je ne voudrois pas faire un si grand déplaisir à mon maître pour tous les royaumes de la terre, quoique je vous trouve plus belle que le soleil. »

Enfin, ils arrivèrent à la grande ville du roi, qui, sachant que la Belle aux cheveux d'or venoit, alla au-devant d'elle, et lui fit les plus beaux présens du monde. Il l'épousa avec tant de réjouissances que l'on ne parloit d'autre chose; mais la Belle aux cheveux d'or, qui aimoit Avenant dans le fond de son cœur, n'étoit bien aise que quand elle le voyoit, et elle le louoit toujours. « Je ne serois point venue sans Avenant, disoit-elle au roi : il a fallu qu'il ait fait des choses impossibles pour mon service : vous lui devez être obligé; il m'a donné de l'eau de Beauté, je ne vieillirai jamais, je serai toujours belle. »

Les envieux qui écoutoient la reine dirent au roi : « Vous n'êtes point jaloux, et vous avez sujet de l'être : la reine aime si fort Avenant qu'elle en perd le boire et le manger; elle ne fait que parler de lui et des obligations que vous lui avez, comme si tel autre que vous auriez envoyé n'en eût pas fait autant. » Le roi dit : « Vraiment, je m'en avise; qu'on aille le mettre dans la tour avec les fers aux pieds et aux mains. » L'on prit Avenant, et, pour sa récompense d'avoir si bien servi le roi, on l'enferma dans la tour avec les fers aux pieds et aux mains. Il ne voyoit personne que le geôlier qui lui jetoit un morceau de pain noir par un trou, et de l'eau dans une écuelle de terre ; pourtant son petit chien Cabriolle ne le quittoit point, il le consoloit, et venoit lui dire toutes les nouvelles.

Quand la Belle aux cheveux d'or sut sa disgrâce, elle se jeta aux pieds du roi, et, tout en pleurs, elle le pria de faire sortir Avenant de prison. Mais plus elle le prioit, plus il se fâchoit, songeant : « C'est qu'elle l'aime », et il n'en voulut rien faire. Elle n'en parla plus : elle étoit bien triste.

Le roi s'avisa qu'elle ne le trouvoit peut-être pas assez beau ; il eut envie de se frotter le visage avec de l'eau de Beauté, afin que la reine l'aimât plus qu'elle ne faisoit. Cette eau étoit dans la fiole sur le bord de la cheminée de la chambre de la reine : elle l'avoit mise là pour la regarder plus souvent, mais une de ses femmes de chambre, voulant tuer une araignée avec un balai, jeta par malheur la fiole par terre, qui se cassa, et toute l'eau fut perdue. Elle balaya vitement, et, ne sachant que faire, elle se souvint qu'elle avoit vu dans le cabinet du roi une fiole toute semblable, pleine d'eau claire comme étoit l'eau de Beauté ; elle la prit adroitement sans rien dire, et la porta sur la cheminée de la reine.

L'eau qui étoit dans le cabinet du roi servoit à faire mourir les princes et les grands seigneurs quand ils étoient criminels ; au lieu de leur couper la tête ou de les pendre, on leur frottoit le visage de cette eau : ils s'endormoient et ne se réveilloient plus. Un soir donc le roi prit la fiole et se frotta bien le visage; puis il s'endormit et mourut. Le petit chien Cabriolle l'apprit des premiers, et ne manqua pas de l'aller dire à Avenant, qui lui dit d'aller trouver la Belle aux cheveux d'or, et de la faire souvenir du pauvre prisonnier.

Cabriolle se glissa doucement dans la presse, car il y avoit grand bruit à la cour pour la mort du roi. Il dit à la reine : « Madame, n'oubliez pas le pauvre Avenant. » Elle se souvint aussitôt des peines qu'il avoit souffertes à cause d'elle, et de sa grande fidélité : elle sortit sans parler à personne, et fut droit à la tour, où elle ôta elle-même les fers des pieds et des mains d'Avenant, et, lui mettant une couronne d'or sur la tête et le manteau royal sur les épaules, elle lui dit : « Venez, aimable Avenant, je vous fais roi, et vous prends pour mon époux. » Il se jeta à ses pieds et la remercia. Chacun fut ravi de l'avoir pour maître; il se fit la plus belle noce du monde, et la Belle aux cheveux d'or vécut longtemps avec le bel Avenant, tous deux heureux et satisfaits.

> Si par hasard un malheureux
> Te demande ton assistance,
> Ne lui refuse point un secours généreux :
> Un bienfait tôt ou tard reçoit sa récompense.

Quand Avenant, avec tant de bonté,
Servoit carpe et corbeau ; quand jusqu'au hibou même,
Sans être rebuté de sa laideur extrême,
  Il conservoit la liberté,
    Auroit-on pû jamais le croire,
    Que ces animaux quelque jour
  Le conduiroient au comble de la gloire,
Lorsqu'il voudroit du roi servir le tendre amour?
Malgré tous les attraits d'une beauté charmante,
Qui commençoit pour lui de sentir des désirs,
Il conserve à son maitre, étouffant ses soupirs,
    Une fidelité constante.
Toutefois, sans raison, il se voit accusé ;
Mais quand à son bonheur il paroît plus d'obstacle,
    Le Ciel lui devoit un miracle,
Qu'à la vertu jamais le Ciel n'a refusé.

L'OISEAU BLEU

IL étoit une fois un roi fort riche en terres et en argent; sa femme mourut, il en fut inconsolable. Il s'enferma huit jours entiers dans un petit cabinet, où il se cassoit la tête contre les murs, tant il étoit affligé. On craignit qu'il ne se tuât : on mit des matelas entre la tapisserie et la muraille, de sorte qu'il avoit beau se frapper, il ne se faisoit plus de mal. Tous ses sujets résolurent entre eux de l'aller voir et de lui dire ce qu'ils pourroient de plus propre à soulager sa tristesse. Les uns préparoient des discours graves et sérieux, d'autres d'agréables et même de réjouissans; mais cela ne faisoit aucune impression sur son esprit, à peine entendoit-il ce qu'on lui disoit. Enfin il se présenta devant lui une femme si couverte de crêpes noirs, de voiles, de mantes, de longs habits de deuil, et qui pleuroit et sanglotoit si fort et si haut, qu'il en demeura surpris. Elle lui dit qu'elle n'entreprenoit point, comme les autres, de diminuer sa douleur, qu'elle venoit pour l'augmenter, parce que rien n'étoit plus juste que de pleurer une bonne femme ; que pour elle, qui avoit eu le meilleur de tous les maris, elle faisoit bien son compte de pleurer tant qu'il lui resteroit des yeux à la tête. Là-dessus elle redoubla ses cris, et le roi à son exemple se mit à hurler.

Il la reçut mieux que les autres ; il l'entretint des belles qualités de sa chère défunte, et elle renchérit sur celles de son cher défunt : ils causèrent tant et tant qu'ils ne savoient plus que dire sur leur douleur. Quand la fine veuve vit la matière presque épuisée, elle leva un peu ses voiles, et le roi affligé se récréa la vue à regarder cette pauvre affligée, qui tournoit et retournoit fort à propos deux grands yeux bleus, bordés de longues paupières noires ; son teint étoit assez fleuri. Le roi la considéra avec beaucoup d'attention ; peu à peu il parla moins de sa femme, puis il n'en parla plus du tout. La veuve disoit qu'elle vouloit toujours pleurer son mari, le roi la pria de ne point immortaliser son chagrin. Pour conclusion, l'on fut tout étonné qu'il l'épousa, et que le noir se changea en vert et en couleur de rose : il suffit très souvent de connoître le foible des gens pour entrer dans leur cœur, et pour en faire tout ce que l'on veut.

Le roi n'avoit eu qu'une fille de son premier mariage, qui passoit pour la huitième merveille du monde; on la nommoit Florine, parce qu'elle ressembloit à Flore, tant elle étoit fraîche, jeune et belle. On ne lui voyoit guère d'habits magnifiques; elle aimoit les robes de taffetas volant, avec quelques agrafes de pierreries et force guirlandes de fleurs, qui faisoient un effet admirable quand elles étoient placées dans ses beaux cheveux. Elle n'avoit que quinze ans lorsque le roi se remaria.

La nouvelle reine envoya quérir sa fille, qui avoit été nourrie chez sa marraine, la fée Soussio; mais elle n'en étoit ni plus gracieuse ni plus belle : Soussio y avoit voulu travailler et n'avoit rien gagné. Elle ne laissoit pas de l'aimer chèrement. On l'appeloit Truitonne, car son visage avoit autant de taches de rousseur qu'une truite; ses cheveux noirs étoient si gras et si crasseux que l'on n'y pouvoit toucher, et sa peau jaune distilloit de l'huile. La reine ne laissoit pas de l'aimer à la folie, elle ne parloit que de la charmante Truitonne, et, comme Florine avoit toutes sortes d'avantages au-dessus d'elle, la reine s'en désespéroit; elle cherchoit tous les moyens possibles de la mettre mal auprès du roi : il n'y avoit point de jour que la reine et Truitonne ne fissent quelque pièce à Florine. La princesse, qui étoit douce et spirituelle, tâchoit de se mettre au-dessus de ces mauvais procédés.

Le roi dit un jour à la reine que Florine et Truitonne étoient assez grandes pour être mariées, et que le premier prince qui viendroit à la cour, il falloit faire en sorte de lui en donner une des deux. « Je prétends, répliqua la reine, que ma fille soit la première établie; elle est plus âgée que la vôtre, et, comme elle est mille fois plus aimable, il n'y a point à balancer là-dessus. » Le roi, qui n'aimoit point la dispute, lui dit qu'il le vouloit bien, et qu'il l'en faisoit la maîtresse.

A quelque temps de là l'on apprit que le roi Charmant devoit arriver. Jamais prince n'a porté plus loin la galanterie et la magnificence; son esprit et sa personne n'avoient rien qui ne répondît à son nom. Quand la reine sut ces nouvelles, elle employa tous les brodeurs, tous les tailleurs, et tous les ouvriers à faire des ajustemens à Truitonne; elle pria le roi que Florine n'eût rien de neuf, et, ayant gagné ses femmes, elle lui fit voler tous ses habits, toutes ses coiffures et toutes ses pierreries le jour même que Charmant arriva; de sorte que, lorsqu'elle se voulut parer, elle ne trouva pas un ruban. Elle vit bien d'où lui venoit ce bon office; elle envoya chez les marchands pour avoir des étoffes : ils répondirent que la reine avoit défendu qu'on lui en donnât. Elle demeura donc avec une petite robe fort crasseuse, et sa honte étoit si grande qu'elle se mit dans le coin de la salle lorsque le roi Charmant arriva.

La reine le reçut avec de grandes cérémonies ; elle lui présenta sa fille plus brillante que le soleil, et plus laide par toutes ses parures qu'elle ne l'étoit ordinairement. Le roi en détourna les yeux ; la reine vouloit se persuader qu'elle lui plaisoit trop et qu'il craignoit de s'engager, de sorte qu'elle la faisoit toujours mettre devant lui. Il demanda s'il n'y avoit pas encore une autre princesse appelée Florine. « Oui, dit Truitonne, en la montrant avec le doigt ; la voilà qui se cache, parce qu'elle n'est pas brave. » Florine rougit, et devint si belle, si belle, que le roi Charmant demeura comme un homme ébloui. Il se leva promptement, et fit une profonde révérence à la princesse « Madame, lui dit-il, votre incomparable beauté vous paie trop pour que vous ayez besoin d'aucun secours étranger. — Seigneur, répliqua-t-elle, je vous avoue que je suis peu accoutumée à porter un habit aussi malpropre que l'est celui-ci, et vous m'auriez fait plaisir de ne vous pas apercevoir de moi. — Il seroit impossible, s'écria Charmant, qu'une si merveilleuse princesse pût être en quelque lieu, et que l'on eût des yeux pour d'autres que pour elle. —

Ah ! dit la reine irritée, je passe bien mon temps à vous entendre ; croyez-moi, Seigneur, Florine est déjà assez coquette, elle n'a pas besoin qu'on lui dise tant de galanteries. » Le roi Charmant démêla aussitôt les motifs qui faisoient ainsi parler la reine, mais, comme il n'étoit pas de condition à se contraindre, il laissa paroître toute son admiration pour Florine et l'entretint trois heures de suite.

La reine au désespoir, et Truitonne inconsolable de n'avoir pas la préférence sur la princesse, firent de grandes plaintes au roi, et l'obligèrent de consentir que pendant le séjour du roi Charmant l'on enfermeroit Florine dans une tour où ils ne se verroient point. En effet, aussitôt qu'elle fut retournée dans sa chambre, quatre hommes masqués la portèrent au haut de la tour, et l'y laissèrent dans la dernière désolation, car elle vit bien que l'on n'en usoit ainsi que pour l'empêcher de plaire au roi, qui lui plaisoit déjà fort, et qu'elle auroit bien voulu pour époux.

Comme il ne savoit pas les violences que l'on venoit de faire à la princesse, il attendoit l'heure de la revoir avec mille impatiences ; il voulut parler d'elle à ceux que le roi avoit mis auprès de lui pour lui faire plus d'honneur ; mais, par l'ordre de la reine, ils lui en dirent tout le mal qu'ils purent : qu'elle étoit coquette, inégale, de méchante humeur ; qu'elle tourmentoit ses amis et ses domestiques; qu'on ne pouvoit être plus malpropre, et qu'elle poussoit si loin l'avarice qu'elle aimoit mieux être habillée comme une petite bergère que d'acheter de riches étoffes de l'argent que lui donnoit le roi son père. A tout ce détail, Charmant souffroit et se sentoit des mouvemens de colère qu'il avoit bien de la peine à modérer. « Non, disoit-il en lui-même, il est impossible que le Ciel ait mis une âme si mal faite dans le chef-d'œuvre de la nature : je conviens qu'elle n'étoit pas proprement mise quand je l'ai vue, mais la honte qu'elle en avoit prouve assez qu'elle n'est point accoutumée à se voir ainsi. Quoi! elle seroit mauvaise avec cet air de modestie et de douceur qui enchante? Ce n'est pas une chose qui me tombe sous le sens; il m'est bien plus aisé de croire que c'est la reine qui la décrie ainsi : l'on n'est pas belle-mère pour rien, et la princesse Truitonne est une si laide bête qu'il ne seroit point extraordinaire qu'elle portât envie à la plus parfaite de toutes les créatures. »

Pendant qu'il raisonnoit là-dessus, les courtisans qui l'environnoient devinoient bien à son air qu'ils ne lui avoient pas fait plaisir de parler mal de Florine; il y en eut un plus adroit que les autres qui, changeant de ton et de langage pour connoître les sentimens du prince, se mit à dire des merveilles de la princesse. A ces mots il se réveilla comme d'un profond sommeil, il entra dans la conversation, la joie se répandit sur son visage. Amour, amour, que l'on te cache difficilement ! Tu parois partout, sur les lèvres d'un amant, dans ses yeux, au son de sa voix; lorsque l'on aime, le silence, la conversation, la joie ou la tristesse, tout parle de ce qu'on ressent.

La reine, impatiente de savoir si le roi Charmant étoit bien touché, envoya quérir ceux qu'elle avoit mis dans sa confidence, et elle passa le reste de la nuit à les questionner : tout ce qu'ils lui disoient ne servoit qu'à confirmer l'opinion où elle étoit que le roi aimoit Florine. Mais que vous dirai-je de la mélancolie de cette pauvre princesse? Elle étoit couchée par terre dans le donjon de cette terrible tour où les hommes masqués l'avoient emportée. « Je serois moins à plaindre, disoit-elle, si l'on m'avoit mise ici avant que j'eusse vu cet aimable roi; l'idée que j'en conserve ne peut servir qu'à augmenter mes peines. Je ne dois pas douter que c'est pour m'empêcher de le voir davantage que la reine me traite si cruellement. Hélas ! que le peu de beauté dont le Ciel m'a pourvue coûtera cher à mon repos ! » Elle pleuroit ensuite si amèrement, si amèrement, que sa propre ennemie en auroit eu pitié si elle avoit été témoin de ses douleurs.

C'est ainsi que cette nuit se passa. La reine, qui

vouloit engager le roi Charmant par tous les témoignages qu'elle pourroit lui donner de son attention, lui envoya des habits d'une richesse et d'une magnificence sans pareille, faits à la mode du pays, et l'ordre des Chevaliers d'Amour, qu'elle avoit obligé le roi d'instituer le jour de leurs noces. C'étoit un cœur d'or émaillé de couleur de feu, entouré de plusieurs flèches et percé d'une, avec ces mots : *Une seule me blesse.* La reine avoit fait tailler pour Charmant un cœur d'un rubis gros comme un œuf d'autruche; chaque flèche étoit d'un seul diamant, longue comme le doigt, et la chaîne où ce cœur tenoit étoit faite de perles, dont la plus petite pesoit une livre; enfin, depuis que le monde est monde, il n'avoit rien paru de tel.

Le roi, à cette vue, demeura si surpris qu'il fut quelque temps sans parler; on lui présenta en même temps un livre, dont les feuilles étoient de vélin, avec des miniatures admirables, la couverture d'or, chargée de pierreries, et les statuts de l'ordre des Chevaliers d'Amour y étoient écrits d'un style fort tendre et fort galant. L'on dit au roi que la princesse qu'il avoit vue le prioit d'être son chevalier, et qu'elle lui envoyoit ce présent. A ces mots, il osa se flatter que c'étoit celle qu'il aimoit. « Quoi! la belle princesse Florine, s'écria-t-il, pense à moi d'une manière si généreuse et si engageante? — Seigneur, lui dit-on, vous vous méprenez au nom ; nous venons de la part de l'aimable Truitonne. — C'est Truitonne qui me veut pour son cavalier ! dit le roi d'un air froid et sérieux. Je suis fâché de ne pouvoir accepter cet honneur, mais un souverain n'est pas assez maître de lui pour prendre les engagemens qu'il voudroit. Je sais ceux d'un chevalier, je voudrois les remplir tous, et j'aime mieux ne pas recevoir la grâce qu'elle m'offre que de m'en rendre indigne. » Il remit aussitôt le cœur, la chaîne et le livre dans la même corbeille ; puis il envoya tout chez la reine, qui pensa étouffer de rage avec sa fille, de la manière méprisante dont le roi étranger avoit reçu une faveur si particulière.

Lorsqu'il put aller chez le roi et la reine, il se rendit dans leur appartement : il espéroit que Florine y seroit, il regardoit de tous côtés pour la voir. Dès qu'il entendoit entrer quelqu'un dans la chambre, il tournoit la tête brusquement vers la porte ; il paroissoit inquiet et chagrin. La malicieuse reine devinoit assez ce qui se passoit dans son âme, mais elle n'en faisoit pas semblant. Elle ne lui parloit que de parties de plaisir, il répondoit tout de travers ; enfin il demanda où étoit la princesse Florine. « Seigneur, lui dit fièrement la reine, le roi, son père, a défendu qu'elle sorte de chez elle jusqu'à ce que ma fille soit mariée. — Et quelle raison, répliqua le roi, peut-on avoir de tenir cette belle personne prisonnière? — Je l'ignore, dit la reine; et, quand je le saurois, je pourrois me dispenser de vous le dire. » Le roi se sentoit dans une colère inconcevable; il regardoit Truitonne de travers, et songeoit en lui-même que c'étoit à cause de ce petit monstre qu'on lui déroboit le plaisir de voir la princesse. Il quitta promptement la reine : sa présence lui causoit trop de peine.

Quand il fut revenu dans sa chambre, il dit à un jeune prince qui l'avoit accompagné, et qu'il aimoit fort, de donner tout ce qu'on voudroit au monde pour gagner quelqu'une des femmes de la princesse, afin qu'il pût lui parler un moment. Ce prince trouva aisément des dames du palais qui entrèrent dans la confidence; il y en eut une qui l'assura que le soir même Florine seroit à une petite fenêtre basse qui répondoit sur le jardin, et que par là elle pourroit lui parler, pourvu qu'il prît de grandes précautions afin qu'on ne le sût pas : « car, ajouta-t-elle, le roi et la reine sont si sévères qu'ils me feroient mourir s'ils découvroient que j'eusse favorisé la passion de Charmant. » Le prince, ravi d'avoir amené l'affaire jusque-là, lui promit tout ce qu'elle vouloit, et courut faire sa cour au roi en lui annonçant l'heure du rendez-vous. Mais la mauvaise confidente ne manqua pas d'aller avertir la reine de ce qui se passoit et de prendre ses ordres. Aussitôt elle pensa qu'il falloit envoyer sa fille à la petite fenêtre ; elle l'instruisit bien, et Truitonne ne manqua à rien, quoiqu'elle fût naturellement une grande bête.

La nuit étoit si noire qu'il auroit été impossible au roi de s'apercevoir de la tromperie qu'on lui faisoit, quand bien même il n'auroit pas été aussi prévenu qu'il l'étoit, de sorte qu'il s'approcha de la fenêtre avec des transports de joie inexprimables : il dit à Truitonne tout ce qu'il auroit dit à Florine pour la persuader de sa passion. Truitonne, profitant de la conjoncture, lui dit qu'elle se trouvoit la plus malheureuse personne du monde d'avoir une belle-mère si cruelle, et qu'elle auroit toujours à souffrir jusqu'à ce que sa fille fût mariée. Le roi l'assura que, si elle le vouloit pour son époux, il seroit ravi de partager avec elle sa couronne et son cœur ; là-dessus il tira sa bague de son doigt, et, la mettant à celui de Truitonne, il ajouta que c'étoit un gage éternel de sa foi, et qu'elle n'avoit qu'à prendre l'heure pour partir en diligence. Truitonne répondit le mieux qu'elle put à ses empressemens ; il s'apercevoit bien qu'elle ne disoit rien qui vaille, et cela lui auroit fait de la peine, sans qu'il se persuadoit que la crainte d'être surprise par la reine lui ôtoit la liberté de son esprit. Il ne la quitta qu'à condition de revenir le lendemain à pareille heure, ce qu'elle lui promit de tout son cœur.

La reine ayant su l'heureux succès de cette entrevue, elle s'en promit tout. Et, en effet, le jour étant concerté, le roi vint la prendre dans une chaise volante, traînée par des grenouilles ailées : un enchanteur de ses amis lui avoit fait ce présent. La nuit étoit fort noire, Truitonne sortit mystérieusement par une petite porte, et le roi, qui l'attendoit, la reçut entre ses bras et lui jura cent fois une fidélité éternelle. Mais, comme il n'étoit pas d'humeur à voler longtemps dans sa chaise volante sans épouser la princesse qu'il aimoit, il lui demanda où elle vouloit que les noces se fissent. Elle lui dit qu'elle avoit pour marraine une fée, qu'on nommoit Soussio, qui étoit fort célèbre ; qu'elle étoit d'avis d'aller à son château. Quoique le roi ne sût pas le chemin, il n'eut qu'à dire à ses grosses grenouilles de l'y conduire ; elles connoissoient la carte générale de l'univers, et en peu de temps elles rendirent le roi et Truitonne chez Soussio.

Le château étoit si bien éclairé qu'en arrivant le roi auroit connu son erreur, si la princesse ne s'étoit soigneusement couverte de son voile. Elle demanda sa marraine, elle lui parla en particulier, et lui conta comme quoi elle avoit attrapé Charmant, et qu'elle la prioit de l'apaiser. « Ah ! ma fille, dit la fée, la chose ne sera pas facile, il aime trop Florine ; je suis certaine qu'il va nous faire désespérer. » Cependant le roi les attendoit dans une salle, dont les murs étoient de diamans si clairs et si nets qu'il vit au travers Soussio et Truitonne causer ensemble. Il croyoit rêver. « Quoi! disoit-il, ai-je été trahi? Les démons ont-ils apporté cette ennemie de notre repos? Vient-elle pour troubler mon mariage? Ma chère Florine ne paroît point, son père l'a peut-être suivie! » Il pensoit mille choses qui commençoient à le désoler. Mais ce fut bien pis quand elles entrèrent dans la salle, et que Soussio lui dit d'un ton absolu : « Roi Charmant, voici la princesse Truitonne, à laquelle vous avez donné votre foi; elle est ma filleule, et je souhaite que vous l'épousiez tout à l'heure. — Moi! s'écria-t-il, moi! j'épouserois ce petit monstre! Vous me croyez d'un naturel bien docile quand vous me faites de telles propositions : sachez que je ne lui ai rien promis; si elle dit autrement elle en a... — N'achevez pas, interrompit Soussio, et ne soyez jamais assez hardi pour me manquer de respect. — Je consens, répliqua le roi, de vous respecter autant qu'une fée est respectable, pourvu que vous me rendiez ma princesse. — Est-ce que je ne la suis pas, parjure? dit Truitonne en lui montrant sa bague. A qui as-tu donné cet anneau pour gage de ta foi? A qui as-tu parlé à la petite fenêtre, si ce n'est à moi? — Comment donc! reprit-il, j'ai été déçu et trompé? Non, non, je n'en serai point la dupe. Allons, allons, mes grenouilles, mes grenouilles! je veux partir tout à l'heure.

— Oh! ce n'est pas une chose en votre pouvoir, si je n'y consens, dit Soussio. » Elle le toucha, et ses pieds s'attachèrent au parquet comme si on les y avoit cloués. « Quand vous me lapideriez, lui dit le roi, quand vous m'écorcheriez, je ne serai point à une autre qu'à Florine; j'y suis résolu, et vous pouvez après cela user de votre pouvoir à votre gré. » Soussio employa la douceur, les menaces, les promesses, les prières. Truitonne pleura, cria, gémit, se fâcha, s'apaisa. Le roi ne disoit pas un mot, et, les regardant toutes deux avec l'air du monde le plus indigné, il ne répondoit rien à tous leurs verbiages.

Il se passa ainsi vingt jours et vingt nuits sans qu'elles cessassent de parler, sans manger, sans dormir et sans s'asseoir. Enfin Soussio, à bout et fatiguée, dit au roi : « Oh bien, vous êtes un opiniâtre qui ne voulez pas entendre raison; choisissez, ou d'être sept ans en pénitence pour avoir donné votre parole sans la tenir, ou d'épouser ma filleule. » Le roi, qui avoit gardé un profond silence, s'écria tout à coup : « Faites de moi tout ce que vous voudrez, pourvu que je sois délivré de cette maussade. — Maussade vous-même, dit Truitonne en colère; je vous trouve un plaisant roitelet, avec votre équipage marécageux, de venir jusqu'en mon pays me dire des injures et manquer à votre parole. Si vous aviez pour quatre deniers d'honneur, en useriez-vous ainsi ? — Voilà des reproches touchans, dit le roi d'un ton railleur. Voyez-vous qu'on a tort de ne pas prendre une si belle personne pour sa femme ! — Non, non, elle ne la sera pas, s'écria Soussio en colère, tu n'as qu'à t'envoler par cette fenêtre, si tu veux, car tu seras sept ans oiseau bleu. »

En même temps le roi change de figure ; ses bras se couvrent de plumes et forment des ailes ; ses jambes et ses pieds deviennent noirs et menus ; il lui croît des ongles crochus ; son corps s'apetisse ; il est tout garni de longues plumes fines et déliées de bleu céleste ; ses yeux s'arrondissent et brillent comme des soleils ; son nez n'est plus qu'un bec d'ivoire ; il s'élève sur sa tête une aigrette blanche qui forme une couronne ; il chante à ravir et parle de même. En cet état il jette un cri douloureux de se voir ainsi métamorphosé, et s'envole à tire-d'aile pour fuir le funeste palais de Soussio.

Dans la mélancolie qui l'accable, il voltige de branche en branche, et ne choisit que les arbres consacrés à l'amour ou à la tristesse ; tantôt sur les myrtes, tantôt sur les cyprès, il chante des airs pitoyables, où il déplore sa mauvaise fortune et celle de Florine. « En quel lieu ses ennemis l'ont-ils cachée? disoit-il. Qu'est devenue cette belle victime? La barbarie de la reine la laisse-t-elle encore respirer? Où la chercherai-je? Suis-je condamné à passer sept ans sans elle? Peut-être que pendant ce temps on la mariera, et que je perdrai pour jamais l'espérance qui soutient ma vie. » Ces différentes pensées affligeoient l'oiseau bleu à tel point qu'il vouloit se laisser mourir.

D'un autre côté, la fée Soussio renvoya Truitonne à la reine, qui étoit bien inquiète comment les noces se seroient passées. Mais, quand elle vit sa fille et qu'elle lui raconta tout ce qui venoit d'arriver, elle se mit dans une colère terrible, dont le contre-coup retomba sur la pauvre Florine. « Il faut, dit-elle, qu'elle se repente plus d'une fois d'avoir su plaire à Charmant. » Elle monta dans la tour avec Truitonne, qu'elle avoit parée de ses plus riches habits : elle portoit une couronne de diamans sur sa tête, et trois filles des plus riches barons de l'État tenoient la queue de son manteau royal; elle avoit au pouce l'anneau du roi Charmant, que Florine remarqua le jour qu'ils parlèrent ensemble; elle fut étrangement surprise de voir Truitonne dans un si pompeux appareil. « Voilà ma fille qui vient vous apporter des présens de sa noce, dit la reine; le roi Charmant l'a épousée : il l'aime à la folie; il n'a jamais été des gens plus satisfaits. » On étale aussitôt devant la princesse des étoffes d'or et d'argent, des pierreries, des dentelles, des rubans, qui étoient dans de grandes corbeilles de filigrane d'or. En lui présentant toutes ces choses, Truitonne ne manquoit pas de faire briller l'anneau du roi ; de sorte que, la princesse Florine ne pouvant plus douter de son malheur, elle s'écria d'un air désespéré, qu'on ôtât de ses yeux tous ces présens si funestes, qu'elle ne vouloit plus porter que du noir, ou plutôt qu'elle vouloit présentement mourir. Elle s'évanouit, et la cruelle reine, ravie d'avoir si bien réussi, ne permit pas qu'on la secourût ; elle la laissa seule dans le plus déplorable état du monde, et fut conter malicieusement au roi que sa fille étoit si transportée de tendresse que rien n'égaloit les extravagances qu'elle faisoit ; qu'il falloit bien se donner de garde de la laisser sortir de la tour. Le roi lui dit qu'elle pouvoit gouverner cette affaire à sa fantaisie et qu'il en seroit toujours satisfait.

Lorsque la princesse revint de son évanouissement, et qu'elle réfléchit sur la conduite qu'on tenoit avec elle, aux mauvais traitemens qu'elle recevoit de son indigne marâtre, et à l'espérance qu'elle perdoit pour jamais d'épouser le roi Charmant, sa douleur devint si vive qu'elle pleura toute la nuit ; en cet état elle se mit à la fenêtre, où elle fit des regrets fort tendres et fort touchans.

Quand le jour approcha, elle la ferma et continua de pleurer.

La nuit suivante elle ouvrit la fenêtre, elle poussa de profonds soupirs et des sanglots, elle versa un torrent de larmes; le jour vint, elle se cacha dans sa chambre. Cependant le roi Charmant, ou, pour mieux dire, le bel oiseau bleu, ne cessoit point de voltiger autour du palais; il jugeoit que sa chère princesse y étoit renfermée, et, si elle faisoit de tristes plaintes, les siennes ne l'étoient pas moins; il s'approchoit des fenêtres le plus qu'il pouvoit pour regarder dans les chambres, mais la crainte que Truitonne ne l'aperçût et ne se doutât que c'étoit lui l'empêchoit de faire ce qu'il auroit voulu. « Il y va de ma vie, disoit-il en lui-même; si ces mauvaises princesses découvroient où je suis, elles voudroient se venger; il faudroit que je m'éloignasse ou que je fusse exposé aux derniers dangers. » Ces raisons l'obligèrent à garder de grandes mesures, et d'ordinaire il ne chantoit que la nuit.

Il y avoit, vis-à-vis de la fenêtre où Florine se mettoit, un cyprès d'une hauteur prodigieuse; l'oiseau bleu vint s'y percher. Il y fut à peine qu'il entendit une personne qui se plaignoit. « Souffrirai-je encore longtemps? disoit-elle. La mort ne viendra-t-elle point à mon secours? Ceux qui la craignent ne la voient que trop tôt; je la désire, et la cruelle me fuit. Ah! barbare reine, que t'ai-je fait pour me retenir dans une captivité si affreuse? N'as-tu pas assez d'autres endroits pour me désoler? Tu n'as qu'à me rendre témoin du bonheur que ton indigne fille goûte avec le roi Charmant! » L'oiseau bleu n'avoit pas perdu un mot de cette plainte; il en demeura bien surpris, et il attendoit le jour avec la dernière impatience pour voir la dame affligée; mais, avant qu'il vînt, elle avoit fermé la fenêtre et s'étoit retirée.

L'oiseau, curieux, ne manqua pas de revenir la nuit suivante. Il faisoit clair de lune : il vit une fille à la fenêtre de la tour qui commençoit ses regrets. « Fortune, disoit-elle, toi qui me flattois de régner, toi qui m'avois rendu l'amour de mon père, que t'ai-je fait pour me plonger tout d'un coup dans les plus amères douleurs? Est-ce dans un âge aussi tendre que le mien qu'on doit commencer à ressentir ton inconstance? Reviens, barbare, reviens s'il est possible; je te demande pour toute faveur de terminer ma fatale destinée. » L'oiseau bleu écoutoit, et plus il écoutoit, plus il se persuadoit que c'étoit son aimable princesse qui se plaignoit. Il lui dit : « Adorable Florine, merveille de nos jours! pourquoi voulez-vous finir si promptement les vôtres? Vos maux ne sont point sans remède. — Hé! qui me parle, s'écria-t-elle, d'une manière si consolante? — Un roi malheureux, reprit l'oiseau, qui vous aime et n'aimera jamais que vous. — Un roi qui m'aime! ajouta-t-elle. Est-ce ici un piège que me tend mon ennemie? Mais, au fond, qu'y gagnera-t-elle? Si elle cherche à découvrir mes sentimens, je suis prête à lui en faire l'aveu. — Non, ma princesse, répondit-il, l'amant qui vous parle n'est point capable de vous trahir. » En achevant ces mots il vola sur la fenêtre. Florine eut d'abord grande peur d'un oiseau si extraordinaire, qui parloit avec autant d'esprit que s'il avoit été homme, quoiqu'il conservât le petit son de voix d'un rossignol; mais la beauté de son plumage et ce qu'il lui dit la rassura. « M'est-il permis de vous revoir, ma princesse? s'écria-t-il. Puis-je goûter un bonheur si parfait sans mourir de joie? Mais, hélas! que cette joie est troublée par votre captivité et l'état où la méchante Soussio m'a réduit pour sept ans! — Et qui êtes-vous, charmant oiseau, dit la princesse en le caressant? — Vous avez dit mon nom, ajouta le roi, et vous feignez de ne me pas connoître! — Quoi! le plus grand roi du monde! Quoi! le roi Charmant, dit la princesse, seroit le petit oiseau que je tiens? — Hélas! belle Florine, il n'est que trop vrai, reprit-il, et, si quelque chose m'en peut consoler, c'est que j'ai préféré cette peine à celle de renoncer à la passion que j'ai pour vous. — Pour moi! dit Florine. Ah! ne cherchez point à me tromper! Je sais, je sais que vous avez épousé Truitonne; j'ai reconnu votre anneau à son doigt; je l'ai vue toute brillante des diamans que vous lui avez donnés; elle est venue m'insulter dans ma triste prison, chargée d'une riche couronne et d'un manteau royal qu'elle tenoit de votre main, pendant que j'étois chargée de chaînes et de fers.

— Vous avez vu Truitonne en cet équipage? interrompit le roi; sa mère et elle ont osé vous dire que ces joyaux venoient de moi? O Ciel! est-il possible que j'entende des mensonges si affreux, et que je ne puisse m'en venger aussitôt que je le souhaite! Sachez qu'elles ont voulu me décevoir, qu'abusant de votre nom, elles m'ont engagé d'enlever cette laide Truitonne; mais, aussitôt que je connus mon erreur, je voulus l'abandonner, et je choisis enfin d'être oiseau bleu sept ans de suite plutôt que de manquer à la fidélité que je vous ai vouée. »

Florine avoit un plaisir si sensible d'entendre parler son aimable amant qu'elle ne se souvenoit plus des malheurs de sa prison. Que ne lui dit-elle pas pour le consoler de sa triste aventure, et pour le persuader qu'elle ne feroit pas moins pour lui qu'il avoit fait pour elle! Le jour paroissoit, la plupart des officiers étoient déjà levés, que l'oiseau bleu et la princesse parloient encore ensemble; ils se séparèrent avec mille peines, après s'être promis que toutes les nuits ils s'entretiendroient ainsi.

La joie de s'être trouvés étoit si extrême qu'il n'est point de termes capables de l'exprimer ; chacun de son côté remercioit l'amour et la fortune. Cependant Florine s'inquiétoit pour l'oiseau bleu. « Qui le garantira des chasseurs, disoit-elle, ou de la serre aigue de quelque aigle ou de quelque vautour affamé, qui le mangera avec autant d'appétit que si ce n'étoit pas un grand roi ? O Ciel ! que deviendrois-je si ses plumes légères et fines, poussées par le vent, venoient jusque dans ma prison m'annoncer le désastre que je crains ? » Cette pensée empêcha que la pauvre princesse ne fermât les yeux : car, lorsque l'on aime, les illusions paroissent des vérités, et ce que l'on croiroit impossible dans un autre temps semble aisé en celui-là ; de sorte qu'elle passa le jour à pleurer, jusqu'à ce que l'heure fût venue de se mettre à sa fenêtre.

Le charmant oiseau, caché dans le creux d'un arbre, avoit été tout le jour occupé à penser à sa belle princesse. « Que je suis content, disoit-il, de l'avoir retrouvée ! qu'elle est engageante ! que je sens vivement les bontés qu'elle me témoigne ! » Ce tendre amant comptoit jusqu'aux moindres momens de la pénitence qui l'empêchoit de l'épouser, et jamais l'on n'en a désiré la fin avec plus de passion. Comme il vouloit faire à Florine toutes les galanteries dont il étoit capable, il vola jusqu'à la ville capitale de son royaume ; il fut à son palais, il entra dans son cabinet par une vitre qui étoit cassée ; il prit des pendans d'oreilles de diamans, si parfaits et si beaux qu'il n'y en avoit point au monde qui en approchassent ; il les apporta le soir à Florine et la pria de s'en parer. « J'y consentirois, lui dit-elle, si vous me voyiez le jour ; mais, puisque je ne vous parle que la nuit, je ne les mettrai pas. » L'oiseau lui promit de prendre si bien son temps qu'il viendroit à la tour à l'heure qu'elle voudroit ; aussitôt elle mit les pendans d'oreilles, et la nuit se passa à causer comme s'étoit passée l'autre.

Le lendemain l'oiseau bleu retourna dans son royaume ; il fut à son palais ; il entra dans son cabinet par la vitre rompue, et il en apporta les plus riches bracelets que l'on eût encore vus : ils étoient d'une seule émeraude, taillés en facettes, creusés par le milieu pour y passer la main et le bras. « Pensez-vous, lui dit la princesse, que mes sentimens pour vous aient besoin d'être cultivés par des présens ? Ah ! que vous les connoîtriez mal ! — Non, Madame, répliqua-t-il, je ne crois pas que les bagatelles que je vous offre soient nécessaires pour me conserver votre tendresse ; mais la mienne seroit blessée si je négligeois aucune occasion de vous marquer mon attention, et, quand vous ne me voyez point, ces petits bijoux me rappellent à votre souvenir. » Florine lui dit là-dessus mille choses obligeantes, auxquelles il répondit par mille autres qui ne l'étoient pas moins.

La nuit suivante, l'oiseau amoureux ne manqua pas d'apporter à sa belle une montre d'une grandeur raisonnable, qui étoit dans une perle; l'excellence du travail surpassoit celle de la matière. « Il est inutile de me régaler d'une montre, dit-elle galamment; quand vous êtes éloigné de moi, les heures me paroissent sans fin; quand vous êtes avec moi, elles passent comme un songe : ainsi je ne puis leur donner une juste mesure. — Hélas! ma princesse, s'écria l'oiseau bleu, j'en ai la même opinion que vous, et je suis persuadé que je renchéris encore sur la délicatesse. — Après ce que vous souffrez pour me conserver votre cœur, répliqua-t-elle, je suis en état de croire que vous avez porté l'amitié et l'estime aussi loin qu'elles peuvent aller. »

Dès que le jour paroissoit, l'oiseau voloit dans le fond de son arbre, où des fruits lui servoient de nourriture; quelquefois encore il chantoit de beaux airs, sa voix ravissoit les passans; ils l'entendoient et ne voyoient personne : aussi il étoit conclu que c'étoient des esprits. Cette opinion devint si commune que l'on n'osoit entrer dans le bois; on rapportoit mille aventures fabuleuses qui s'y étoient passées, et la terreur générale fit la sûreté particulière de l'oiseau bleu.

Il ne se passoit aucun jour sans qu'il fît un présent à Florine : tantôt un collier de perles, ou des bagues des plus brillantes et des mieux mises en œuvre, des attaches de diamans, des poinçons, des bouquets de pierreries qui imitoient la couleur des fleurs, des livres agréables, des médailles; enfin, elle avoit un amas de richesses merveilleuses. Elle ne s'en paroit jamais que la nuit, pour plaire au roi, et le jour, n'ayant point d'endroit à les mettre, elle les cachoit soigneusement dans sa paillasse.

Deux années s'écoulèrent ainsi sans que Florine se plaignît une seule fois de sa captivité. Et comment s'en seroit-elle plainte? Elle avoit la satisfaction de parler toute la nuit à ce qu'elle aimoit; il ne s'est jamais tant dit de jolies choses. Bien qu'elle ne vît personne et que l'oiseau passât le jour dans le creux d'un arbre, ils avoient mille nouveautés à se raconter; la matière étoit inépuisable, leur cœur et leur esprit fournissoient abondamment des sujets de conversation.

Cependant la malicieuse reine qui la retenoit si cruellement en prison faisoit d'inutiles efforts pour marier Truitonne; elle envoyoit des ambassadeurs la proposer à tous les princes dont elle connoissoit le nom ; dès qu'ils arrivoient on les congédioit brusquement. « S'il s'agissoit de la princesse Florine, vous seriez reçus avec joie, leur disoit-on; mais, pour Truitonne, elle peut rester vestale sans que personne s'y oppose. » A ces nouvelles, sa mère et elle s'emportoient de colère contre l'innocente princesse qu'elles persécutoient. « Quoi! malgré sa captivité, cette arrogante nous traversera! disoient-elles. Quel moyen de lui pardonner les mauvais tours qu'elle nous fait? Il faut qu'elle ait des correspondances secrètes dans les pays étrangers; c'est tout au moins une criminelle d'État; traitons-la sur ce pied, et cherchons tous les moyens possibles de la convaincre. »

Elles finirent leur conseil si tard qu'il étoit plus de minuit lorsqu'elles résolurent de monter dans la tour pour l'interroger. Elle étoit avec l'oiseau bleu à la fenêtre, parée de ses pierreries, coiffée de ses beaux cheveux, avec un soin qui n'est pas naturel aux personnes affligées ; sa chambre et son lit étoient jonchés de fleurs, et quelques pastilles d'Espagne qu'elle venoit de brûler répandoient une odeur excellente. La reine écouta à la porte, elle crut entendre chanter un air à deux parties, car Florine avoit une voix presque céleste. En voici les paroles, qui lui parurent tendres :

> Que notre sort est déplorable,
> Et que nous souffrons de tourment

Pour nous aimer trop constamment !
Mais c'est en vain qu'on nous accable,
Malgré nos cruels ennemis
Nos cœurs seront toujours unis.

Quelques soupirs finirent leur petit concert.
« Ah ! ma Truitonne, nous sommes trahies ! » s'écria la reine en ouvrant brusquement la porte et se jetant dans la chambre. Que devint Florine à cette vue ? Elle poussa promptement sa petite fenêtre pour donner le temps à l'oiseau royal de s'envoler. Elle étoit bien plus occupée de sa conservation que de la sienne propre ; mais il ne se sentit pas la force de s'éloigner ; ses yeux perçans lui avoient découvert le péril où sa princesse étoit exposée. Il avoit vu la reine et Truitonne : quelle affliction de n'être pas en état de défendre sa maîtresse ! Elles s'approchèrent d'elle comme des furies qui vouloient la dévorer. « L'on sait vos intrigues contre l'Etat, s'écria la reine ; ne pensez pas que votre rang vous sauve des châtimens que vous méritez. — Et avec qui, Madame ? répliqua la princesse. N'êtes-vous pas ma geôlière depuis deux ans ? Ai-je vu d'autres personnes que celles que vous m'avez envoyées ? » Pendant qu'elle parloit, la reine et sa fille l'examinoient avec une surprise sans pareille ; son admirable beauté et son extraordinaire parure les éblouissoient. « Et d'où vous viennent, Madame, dit la reine, ces pierreries qui bril-

lent plus que le soleil? Nous ferez-vous accroire qu'il y en a des mines dans cette tour? — Je les y ai trouvées, répliqua Florine, c'est tout ce que j'en sais. » La reine la regardoit attentivement pour pénétrer jusqu'au fond de son cœur ce qui s'y passoit. « Nous ne sommes pas vos dupes, dit-elle; vous pensez nous en faire accroire, mais, Princesse, nous savons ce que vous faites depuis le matin jusqu'au soir. On vous a donné tous ces bijoux dans la seule vue de vous obliger à vendre le royaume de votre père. — Je serois fort en état de le livrer, répondit-elle avec un sourire dédaigneux : une princesse infortunée, qui languit dans les fers depuis si longtemps, peut beaucoup dans un complot de cette nature! — Et pour qui donc, reprit la reine, êtes-vous coiffée comme une petite coquette, votre chambre pleine d'odeurs, et votre personne si magnifique qu'au milieu de la cour vous seriez moins parée? — J'ai assez de loisir, dit la princesse, il n'est pas extraordinaire que j'en donne quelques momens à m'habiller; j'en passe tant d'autres à pleurer mes malheurs que ceux-là ne sont pas à me reprocher. — Çà, çà, voyons, dit la reine, si cette personne n'a point quelque traité fait avec les ennemis. » Elle chercha elle-même partout, et, venant à la paillasse, qu'elle fit vider, elle y trouva une si grande quantité de diamans, de perles, de rubis, d'émeraudes et de topazes, qu'elle ne savoit d'où cela venoit. Elle avoit résolu de mettre en quelque lieu des papiers pour perdre la princesse ; dans le temps qu'on n'y prenoit pas garde, elle en cacha dans la cheminée ; mais par bonheur l'oiseau bleu étoit perché au-dessus, qui voyoit mieux qu'un lynx et qui écoutoit tout. Il s'écria : « Prends garde à toi, Florine, voilà ton ennemie qui veut te faire une trahison. » Cette voix si peu attendue épouvanta à tel point la reine qu'elle n'osa faire ce qu'elle avoit médité. « Vous voyez, Madame, dit la princesse, que les esprits qui volent en l'air me sont favorables. — Je crois, dit la reine outrée de colère, que les démons s'intéressent pour vous ; mais malgré eux votre père saura se faire justice. — Plût au Ciel, s'écria Florine, n'avoir à craindre que la fureur de mon père ! Mais la vôtre, Madame, est plus terrible. »

La reine la quitta, troublée de tout ce qu'elle venoit de voir et d'entendre ; elle tint conseil sur ce qu'elle devoit faire contre la princesse : on lui dit que, si quelque fée ou quelque enchanteur la prenoient sous leur protection, le vrai secret pour les irriter seroit de lui faire de nouvelles peines, et qu'il seroit mieux d'essayer de découvrir son intrigue. La reine approuva cette pensée ; elle envoya coucher dans sa chambre une jeune fille qui contrefaisoit l'innocente ; elle eut ordre de lui dire qu'on la mettoit auprès d'elle pour la servir. Mais quelle apparence de donner dans un panneau si grossier? La princesse la regarda comme son espionne. L'on n'en peut ressentir une douleur plus violente. « Quoi! je ne parlerai plus à cet oiseau qui m'est si cher ! disoit-elle. Il m'aidoit à supporter mes malheurs, je soulageois les siens; notre tendresse nous suffisoit. Que va-t-il faire? Que ferai-je moi-même? » En pensant à toutes ces choses, elle versoit des ruisseaux de larmes.

Elle n'osoit plus se mettre à la petite fenêtre quoiqu'elle l'entendît voltiger autour ; elle mouroit d'envie de lui ouvrir, mais elle craignoit d'exposer la vie de ce cher amant. Elle passa un mois entier sans paroître. L'oiseau se désespéroit. Quelles plaintes ne faisoit-il pas! Comment vivre sans voir sa princesse? Il n'avoit jamais mieux ressenti les maux de l'absence et ceux de sa métamorphose; il cherchoit inutilement des remèdes à l'un et à l'autre; après s'être creusé la tête, il ne trouvoit rien qui le soulageât.

L'espionne de la princesse, qui veilloit jour et nuit depuis un mois, se sentit si accablée de sommeil qu'enfin elle s'endormit profondément. Florine s'en aperçut; elle ouvrit sa petite fenêtre et dit :

  Oiseau bleu, couleur du tems,
  Vole à moi promptement.

Ce sont là ses propres termes, auxquels l'on n'a rien voulu changer. L'oiseau les entendit si bien qu'il vint promptement sur la fenêtre. Quelle joie de se revoir! Qu'ils avoient de choses à se dire! Les amitiés et les protestations de fidélité se renouvelèrent mille et mille fois. La princesse n'ayant pu s'empêcher de répandre des larmes, son amant s'attendrit beaucoup et la consola de son mieux. Enfin, l'heure de se quitter étant venue sans que la geôlière se fût réveillée, ils se dirent l'adieu du monde le plus touchant. Le lendemain encore l'espionne s'endormit; la princesse diligemment se mit à la fenêtre, puis elle dit comme la première fois :

> Oiseau bleu, couleur du tems,
> Vole à moi promptement.

Aussitôt l'oiseau vint, et la nuit se passa comme l'autre, sans bruit et sans éclat, dont nos amans étoient ravis; ils se flattoient que la surveillante prendroit tant de plaisir à dormir qu'elle en feroit autant toutes les nuits. Effectivement la troisième se passa encore très heureusement; mais, pour celle qui suivit, la dormeuse ayant entendu quelque bruit, elle écouta sans faire semblant de rien; puis elle regarda de son mieux, et vit au clair de la lune le plus bel oiseau de l'univers qui parloit à la princesse, qui la caressoit avec sa patte, qui la béquetoit doucement; enfin elle entendit plusieurs choses de leur conversation, et demeura très étonnée, car l'oiseau parloit comme un amant, et la belle Florine lui répondoit avec tendresse.

Le jour parut, ils se dirent adieu, et, comme s'ils eussent eu un pressentiment de leur prochaine disgrâce, ils se quittèrent avec une peine extrême. La princesse se jeta sur son lit toute baignée de ses larmes, et le roi retourna dans le creux de son arbre. Sa geôlière courut chez la reine, elle lui apprit tout ce qu'elle avoit vu et entendu. La reine envoya quérir Truitonne et ses confidentes; elles raisonnèrent longtemps ensemble, et conclurent que l'oiseau bleu étoit le roi Charmant. « Quel affront ! s'écria la reine. Quel affront, ma Truitonne ! Cette insolente princesse, que je croyois si affligée, jouissoit en repos des agréables conversations de notre ingrat ! Ah ! je me vengerai d'une manière si sanglante qu'il en sera parlé. » Truitonne la pria de n'y perdre pas un moment, et, comme elle se croyoit plus intéressée dans l'affaire que la reine, elle mouroit de joie lorsqu'elle pensoit à tout ce qu'on feroit pour désoler l'amant et la maîtresse.

La reine renvoya l'espionne dans la tour; elle lui ordonna de ne témoigner ni soupçon ni curiosité, et de paroître plus endormie qu'à l'ordinaire. Elle se coucha de bonne heure, elle ronfla de son mieux, et la pauvre princesse déçue, ouvrant la petite fenêtre, s'écria :

Oiseau bleu, couleur du tems,
Vole à moi promptement.

Mais elle l'appela toute la nuit inutilement ; il ne parut point : car la méchante reine avoit fait attacher aux cyprès des épées, des couteaux, des rasoirs, des poignards, et, lorsqu'il vint à tire-d'aile s'abattre dessus, ces armes meurtrières lui coupèrent les pieds; il tomba sur d'autres qui lui coupèrent les ailes; et enfin, tout percé, il se sauva avec mille peines jusqu'à son arbre, laissant une longue trace de sang.

Que n'étiez-vous là, belle princesse, pour soulager cet oiseau royal ? Mais elle seroit morte si elle l'avoit vu dans un état si déplorable! Il ne vouloit prendre aucun soin de sa vie, persuadé que c'étoit Florine qui lui avoit fait jouer ce mauvais tour. « Ah ! barbare, disoit-il douloureusement, est-ce ainsi que tu payes la passion la plus pure et la plus tendre qui sera jamais? Si tu voulois ma mort, que ne me la demandois-tu toi-même? elle m'auroit été chère de ta main. Je venois te trouver avec tant d'amour et de confiance ! Je souffrois pour toi, et je souffrois sans me plaindre ! Quoi ! tu m'as sacrifié à la plus cruelle des femmes! Elle étoit notre ennemie commune, tu viens de faire ta paix à mes dépens. C'est toi, Florine, c'est toi qui me poignardes! Tu as emprunté la main de Truitonne, et tu l'as conduite jusque dans mon sein. »

Ces funestes idées l'accablèrent à tel point qu'il résolut de mourir.

Mais son ami l'enchanteur, qui avoit vu revenir chez lui les grenouilles volantes avec le chariot sans que le roi parût, se mit si en peine de ce qui pouvoit lui être arrivé qu'il parcourut huit fois toute la terre pour le chercher, sans qu'il lui fût possible de le trouver. Il faisoit son neuvième tour, lorsqu'il passa dans le bois où il étoit, et, selon les règles qu'il s'étoit prescrites, il sonna du cor assez longtemps, et puis il cria cinq fois de toute sa force : « Roi Charmant, roi Charmant, où êtes-vous ? » Le roi reconnut la voix de son meilleur ami. « Approchez, lui dit-il, de cet arbre, et voyez le malheureux roi que vous chérissez noyé dans son sang. » L'enchanteur, tout surpris, regardoit de tous côtés sans rien voir. « Je suis l'oiseau bleu, dit le roi d'une voix foible et languissante. » A ces mots, l'enchanteur le trouva sans peine dans son petit nid. Un autre que lui auroit été étonné plus qu'il ne le fut; mais il n'ignoroit aucun tour de l'art négromancien ; il ne lui en coûta que quelques paroles pour arrêter le sang qui couloit encore, et avec des herbes qu'il trouva dans le bois, et sur lesquelles il dit deux mots de grimoire, il guérit le roi aussi parfaitement que s'il n'avoit pas été blessé.

Il le pria ensuite de lui apprendre par quelle

aventure il étoit devenu oiseau, et qui l'avoit blessé si cruellement. Le roi contenta sa curiosité : il lui dit que c'étoit Florine qui avoit décelé le mystère amoureux des visites secrètes qu'il lui rendoit, et que, pour faire sa paix avec la reine, elle avoit consenti à laisser garnir le cyprès de poignards et de rasoirs par lesquels il avoit été presque haché; il se récria mille fois sur l'infidélité de cette princesse, et dit qu'il s'estimeroit heureux d'être mort avant que d'avoir connu son méchant cœur. Le magicien se déchaîna contre elle et contre toutes les femmes; il conseilla au roi de l'oublier. « Quel malheur seroit le vôtre, lui dit-il, si vous étiez capable d'aimer plus longtemps cette ingrate? Après ce qu'elle vient de vous faire, l'on en doit tout craindre. » L'oiseau bleu n'en put demeurer d'accord, il aimoit encore trop chèrement Florine; et l'enchanteur, qui connut ses sentimens malgré le soin qu'il prenoit de les cacher, lui dit d'une manière agréable :

>Accablé d'un cruel malheur,
>En vain l'on parle et l'on raisonne;
>On n'écoute que sa douleur,
>Et point les conseils qu'on nous donne.
>Il faut laisser faire le tems,
>Chaque chose a son point de vue;
>Et, quand l'heure n'est pas venue,
>On se tourmente vainement.

Le royal oiseau en convint, et pria son ami de le

porter chez lui et de le mettre dans une cage où il fût à couvert de la patte du chat et de toute arme meurtrière. « Mais, lui dit l'enchanteur, resterez-vous encore cinq ans dans un état si déplorable et si peu convenable à vos affaires et à votre dignité? Car, enfin, vous avez des ennemis qui soutiennent que vous êtes mort ; ils veulent envahir votre royaume : je crains bien que vous ne l'ayez perdu avant d'avoir recouvré votre première forme. — Ne pourrai-je pas, répliqua-t-il, aller dans mon palais, et gouverner tout comme je faisois ordinairement?

— Oh! s'écria son ami, la chose est différente ! Tel qui veut obéir à un homme ne veut pas obéir à un perroquet; tel vous craint étant roi, étant environné de grandeur et de faste, qui vous arrachera toutes les plumes vous voyant un petit oiseau. — Ah! foiblesse humaine, brillant extérieur, s'écria le roi, encore que tu ne signifies rien pour le mérite et pour la vertu, tu ne laisses pas d'avoir des endroits décevans dont on ne sauroit presque se défendre! Eh bien, continua-t-il, soyons philosophes, méprisons ce que nous ne pouvons obtenir; notre parti ne sera point le plus mauvais. — Je ne me rends pas si tôt, dit le magicien, j'espère de trouver quelques bons expédiens. »

Florine, la triste Florine, désespérée de ne plus

voir le roi, passoit les jours et les nuits à sa fenêtre, répétant sans cesse :

> Oiseau bleu, couleur du tems,
> Vole à moi promptement.

La présence de son espionne ne l'en empêchoit point; son désespoir étoit tel qu'elle ne ménageoit plus rien. « Qu'êtes-vous devenu, roi Charmant? s'écrioit-elle. Nos communs ennemis vous ont-ils fait ressentir les cruels effets de leur rage? Avez-vous été sacrifié à leurs fureurs? Hélas! hélas! n'êtes-vous plus? Ne dois-je plus vous voir? ou, fatigué de mes malheurs, m'avez-vous abandonnée à la dureté de mon sort? » Que de larmes, que de sanglots suivoient ses tendres plaintes! Que les heures étoient devenues longues par l'absence d'un amant si aimable et si cher! La princesse, abattue, malade, maigre et changée, pouvoit à peine se soutenir; elle étoit persuadée que tout ce qu'il y a de plus funeste étoit arrivé au roi.

La reine et Truitonne triomphoient; la vengeance leur faisoit plus de plaisir que l'offense ne leur avoit fait de peine. Et, au fond, de quelle offense s'agissoit-il? Le roi Charmant n'avoit pas voulu épouser un petit monstre qu'il avoit mille sujets de haïr. Cependant le père de Floiine, qui devenoit vieux, tomba malade et mourut. La fortune de la méchante reine et de sa fille changea de face : elles étoient regardées comme des favorites qui avoient abusé de leur faveur ; le peuple mutiné courut au palais demander la princesse Florine, la reconnoissant pour souveraine. La reine, irritée, voulut traiter l'affaire avec hauteur ; elle parut sur un balcon et menaça les mutins. En même temps la sédition devint générale, on enfonce les portes de son appartement, on le pille et on l'assomme à coups de pierres. Truitonne s'enfuit chez sa marraine la fée Soussio : elle ne couroit pas moins de danger que sa mère.

Les grands du royaume s'assemblèrent promptement, et montèrent à la tour, où la princesse étoit fort malade : elle ignoroit la mort de son père et le supplice de son ennemie. Quand elle entendit tant de bruit, elle ne douta pas qu'on ne vînt la prendre pour la faire mourir. Elle n'en fut point effrayée : la vie lui étoit odieuse depuis qu'elle avoit perdu l'oiseau bleu. Mais ses sujets, s'étant jetés à ses pieds, lui apprirent le changement qui venoit d'arriver à sa fortune ; elle n'en fut point émue. Ils la portèrent dans son palais et la couronnèrent.

Les soins infinis que l'on prit de sa santé et l'envie qu'elle avoit d'aller chercher l'oiseau bleu contribuèrent beaucoup à la rétablir, et lui donnèrent bientôt assez de force pour nommer un conseil, afin d'avoir soin de son royaume en son absence ; puis elle prit pour des mille millions de pierreries, et elle partit une nuit toute seule, sans que personne sût où elle alloit.

L'enchanteur qui prenoit soin des affaires du roi Charmant, n'ayant pas assez de pouvoir pour détruire ce que Soussio avoit fait, s'avisa de l'aller trouver et de lui proposer quelque accommodement en faveur duquel elle rendroit au roi sa figure naturelle ; il prit les grenouilles et vola chez la fée, qui causoit dans ce moment avec Truitonne. D'un enchanteur à une fée il n'y a que la main ; ils se connoissoient depuis cinq ou six cens ans, et dans cet espace de temps ils avoient été mille fois bien et mal ensemble. Elle le reçut très agréablement. « Que me veut mon compère ? lui dit-elle (c'est ainsi qu'ils se nomment tous). Y a-t-il quelque chose pour son service qui dépende de moi ? — Oui, ma commère, dit le magicien, vous pouvez tout pour ma satisfaction ; il s'agit du meilleur de mes amis, d'un roi que vous avez rendu infortuné. — Ha ! ha ! je vous entends, compère, s'écria Soussio, j'en suis fâchée, mais il n'y a point de grâce à espérer pour lui s'il ne veut épouser ma filleule ; la voilà belle et jolie, comme vous voyez : qu'il se consulte. »

L'enchanteur pensa demeurer muet, tant il la trouva laide ; cependant il ne pouvoit se résoudre à s'en aller sans régler quelque chose avec elle, parce que le roi avoit couru mille risques depuis qu'il étoit en cage. Le clou qui l'accrochoit s'étoit rompu, la cage étoit tombée, et sa majesté emplumée souffrit beaucoup de cette chute; Minet, qui se trouva dans la chambre lorsque cet accident arriva, lui donna un coup de griffe dans l'œil, dont il pensa rester borgne. Une autre fois on avoit oublié de lui donner à boire; il alloit le grand chemin d'avoir la pepie, quand on l'en garantit par quelques gouttes d'eau. Un petit coquin de singe, s'étant échappé, attrapa ses plumes au travers des barreaux de la cage, et il l'épargna aussi peu qu'il auroit fait un geai ou un merle. Le pire de tout cela, c'est qu'il étoit sur le point de perdre son royaume; ses héritiers faisoient tous les jours des fourberies nouvelles pour prouver qu'il étoit mort. Enfin l'enchanteur conclut avec sa commère Soussio qu'elle mèneroit Truitonne dans le palais du roi Charmant; qu'elle y resteroit quelques mois, pendant lesquels il prendroit sa résolution de l'épouser, et qu'elle lui rendroit sa figure, quitte à reprendre celle d'oiseau s'il ne vouloit pas se marier.

La fée donna des habits tout d'or et d'argent à Truitonne, puis elle la fit monter en trousse derrière elle sur un dragon, et elles se rendirent au royaume de Charmant qui venoit d'y arriver avec son fidèle ami l'enchanteur. En trois coups de baguette il se vit le même qu'il avoit été, beau, aimable, spirituel et magnifique; mais il achetoit bien cher le temps qu'on diminuoit de sa pénitence; la seule pensée d'épouser Truitonne le faisoit frémir. L'enchanteur lui disoit les meilleures raisons qu'il pouvoit; elles ne faisoient qu'une médiocre impression sur son esprit, et il étoit moins occupé de la conduite de son royaume que des moyens de prolonger le terme que Soussio lui avoit donné pour épouser Truitonne.

Cependant la reine Florine, déguisée sous un habit de paysanne, avec ses cheveux épars et mêlés qui cachoient son visage, un chapeau de paille sur la tête, un sac de toile sur l'épaule, commença son voyage, tantôt à pied, tantôt à cheval, tantôt par mer, tantôt par terre. Elle faisoit toute la diligence possible; mais, ne sachant où elle devoit tourner ses pas, elle craignoit toujours d'aller d'un côté, pendant que son aimable roi seroit de l'autre. Un jour qu'elle s'étoit arrêtée au bord d'une fontaine, dont l'eau argentée bondissoit sur de petits cailloux, elle eut envie de se laver les pieds; elle s'assit sur le gazon, elle releva ses blonds cheveux avec un ruban, et mit ses pieds dans le ruisseau : elle ressembloit à Diane qui se baigne au retour d'une chasse. Il passa dans cet endroit une petite vieille toute voûtée, appuyée sur un gros bâton; elle s'arrêta, et lui dit : « Que faites-vous là, ma belle fille? vous êtes bien seule! — Ma bonne mère, dit la reine, je ne laisse pas d'être en grande compagnie ; car j'ai avec moi les chagrins, les inquiétudes et les déplaisirs. » A ces mots, ses yeux se couvrirent de larmes. « Quoi ! si jeune, vous pleurez ! dit la bonne femme. Ah ! ma fille, ne vous affligez pas. Dites-moi ce que vous avez sincèrement, et j'espère vous soulager. » La reine le voulut bien : elle lui conta ses ennuis, la conduite que la fée Soussio avoit tenue dans cette affaire, et enfin comme elle cherchoit l'oiseau bleu.

La petite vieille se redresse, s'agence, change tout d'un coup de visage, paroît belle, jeune, habillée superbement ; et, regardant la reine avec un souris gracieux : « Incomparable Florine, lui dit-elle, le roi que vous cherchez n'est plus oiseau, ma sœur Soussio lui a rendu sa première figure, il est dans son royaume : ne vous affligez point, vous y arriverez et vous viendrez à bout de votre dessein. Voilà quatre œufs ; vous les casserez dans vos pressans besoins, et vous y trouverez des secours qui vous seront utiles. » En achevant ces mots, elle disparut.

Florine se sentit fort consolée de ce qu'elle venoit d'entendre ; elle mit ces œufs dans son sac, et tourna ses pas vers le royaume de Charmant.

Après avoir marché huit jours et huit nuits sans s'arrêter, elle arrive au pied d'une montagne prodigieuse par sa hauteur, toute d'ivoire, et si droite que l'on n'y pouvoit mettre les pieds sans tomber.

Elle fit mille tentatives inutiles : elle glissoit, elle se fatiguoit, et, désespérée d'un obstacle si insurmontable, elle se coucha au pied de la montagne, résolue de s'y laisser mourir, quand elle se souvint des œufs que la fée lui avoit donnés. Elle en prit un. « Voyons, dit-elle, si elle ne s'est point moquée de moi en me promettant les secours dont j'aurois besoin. » Dès qu'elle l'eut cassé, elle y trouva des petits crampons d'or qu'elle mit à ses pieds et à ses mains. Quand elle les eut, elle monta la montagne d'ivoire sans aucune peine, car les crampons entroient dedans et l'empêchoient de glisser. Lorsqu'elle fut tout au haut, elle eut de nouvelles peines pour descendre; toute la vallée étoit d'une seule glace de miroir. Il y avoit autour plus de soixante mille femmes qui s'y miroient avec un plaisir extrême : car ce miroir avoit bien deux lieues de large et six de haut; chacune s'y voyoit selon ce qu'elle vouloit être : la rousse y paroissoit blonde, la brune avoit les cheveux noirs, la vieille croyoit être jeune, la jeune n'y vieillissoit point; enfin tous les défauts y étoient si bien cachés, que l'on y venoit des quatre coins du monde. Il y avoit de quoi mourir de rire de voir les grimaces et les minauderies que la plupart de ces coquettes faisoient. Cette circonstance n'y attiroit pas moins d'hommes; le miroir leur plaisoit aussi. Il faisoit paroître aux uns de beaux cheveux, aux autres la taille plus haute et mieux prise, l'air martial et meilleure mine. Les femmes, dont ils se moquoient, ne se moquoient pas moins d'eux; de sorte que l'on 'appeloit cette montagne de mille noms différens. Personne n'étoit jamais parvenu jusques au sommet, et, quand on y vit Florine, les dames poussèrent de longs cris de désespoir. « Où va cette malavisée? disoient-elles. Sans doute qu'elle a assez d'esprit pour marcher sur notre glace : du premier pas elle brisera tout. » Elles faisoient un bruit épouvantable.

La reine ne savoit comment faire, car elle voyoit un grand péril à descendre par là; elle cassa un autre œuf, dont il sortit deux pigeons et un chariot, qui devint en même temps assez grand pour s'y placer commodément; puis les pigeons descendirent légèrement avec la reine, sans qu'il lui arrivât rien de fâcheux. Elle leur dit : « Mes petits amis, si vous voulhez me conduire jusques au lieu où le roi Charmant tient sa cour, vous n'obligeriez pas une ingrate. » Les pigeons civils et obéissans ne s'arrêtèrent ni jour ni nuit qu'ils ne fussent arrivés aux portes de la ville. Florine descendit, et leur donna à chacun un doux baiser, plus estimable qu'une couronne.

Oh! que le cœur lui battoit en entrant! Elle se barbouilla le visage pour n'être point connue. Elle demanda aux passans où elle pouvoit voir le roi.

Quelques-uns se prirent à rire. « Voir le roi ! lui dirent-ils. He ! que lui veux-tu, ma Mie-Souillon ? Va, va te décrasser, tu n'as pas les yeux assez bons pour voir un tel monarque. » La reine ne répondit rien ; elle s'éloigna doucement et demanda encore à ceux qu'elle rencontra où elle se pourroit mettre pour voir le roi. « Il doit venir demain au temple avec la princesse Truitonne, lui dit-on : car enfin il consent à l'épouser. »

Ciel ! quelles nouvelles ! Truitonne, l'indigne Truitonne, sur le point d'épouser le roi ! Floine pensa mourir ; elle n'eut plus de force pour parler ni pour marcher : elle se mit sous une porte, assise sur des pierres, bien cachée de ses cheveux et de son chapeau de paille. « Infortunée que je suis ! disoit-elle, je viens ici pour augmenter le triomphe de ma rivale et me rendre témoin de sa satisfaction ! C'étoit donc à cause d'elle que l'oiseau bleu cessa de me venir voir ! C'étoit pour ce petit monstre qu'il faisoit la plus cruelle de toutes les infidélités, pendant qu'abîmée dans la douleur, je m'inquiétois pour la conservation de sa vie ! Le traître avoit changé, et, se souvenant moins de moi que s'il ne m'avoit jamais vue, il me laissoit le soin de m'affliger de sa trop longue absence sans se soucier de la mienne. »

Quand on a beaucoup de chagrin, il est rare d'avoir bon appétit ; la reine chercha où se loger, et se coucha sans souper. Elle se leva avec le jour, elle courut au temple; elle n'y entra qu'après avoir essuyé mille rebuffades des gardes et des soldats. Elle vit le trône du roi et celui de Truitonne, qu'on regardoit déjà comme la reine. Quelle douleur pour une personne aussi tendre et aussi délicate que Florine! Elle s'approcha du trône de sa rivale; elle se tint debout, appuyée contre un pilier de marbre. Le roi vint le premier, plus beau et plus aimable qu'il eût été de sa vie. Truitonne parut ensuite richement vêtue, et si laide qu'elle en faisoit peur. Elle regarda la reine en fronçant le sourcil. « Qui es-tu, lui dit-elle, pour oser t'approcher de mon excellente figure, et si près de mon trône d'or? — Je me nomme Mie-Souillon, répondit-elle; je viens de loin pour vous vendre des raretés. » Elle fouilla aussitôt dans son sac de toile, elle en tira les bracelets d'émeraudes que le roi Charmant lui avoit donnés. « Ho! ho! dit Truitonne, voilà de jolies verrines! En veux-tu une pièce de cinq sous? — Montrez-les, Madame, aux connoisseurs, dit la reine, et puis nous ferons notre marché. » Truitonne, qui aimoit le roi plus tendrement qu'une telle bête n'en étoit capable, étant ravie de trouver des occasions de lui parler, s'avança jusqu'à son trône, et lui montra les bracelets, le priant de lui en dire son sentiment. A la vue de ces bracelets, il se souvint de ceux qu'il avoit donnés à Florine:

il pâlit, il soupira, et fut longtemps sans répondre, enfin, craignant qu'on ne s'aperçût de l'état où ses différentes pensées le réduisoient, il se fit un effort, et lui répliqua : « Ces bracelets valent, je crois, autant que mon royaume ; je pensois qu'il n'y en avoit qu'une paire au monde, mais en voilà de semblables. »

Truitonne revint dans son trône, où elle avoit moins bonne mine qu'une huître à l'écaille ; elle demanda à la reine combien, sans surfaire, elle vouloit de ces bracelets. « Vous auriez trop de peine à me les payer, Madame, dit-elle, il vaut mieux vous proposer un autre marché : si vous me voulez procurer de coucher une nuit dans le cabinet des échos qui est au palais du roi, je vous donnerai mes émeraudes. — Je le veux bien, Mie-Souillon », dit Truitonne, en riant comme une perdue et montrant des dents plus longues que les défenses d'un sanglier.

Le roi ne s'informa point d'où venoient ces bracelets, moins par indifférence pour celle qui les présentoit (bien qu'elle ne fût guère propre à faire naître la curiosité) que par un éloignement invincible qu'il sentoit pour Truitonne. Or, il est à propos qu'on sache que, pendant qu'il étoit oiseau bleu, il avoit conté à la princesse qu'il y avoit sous son appartement un cabinet qu'on appeloit le Cabinet des échos, qui étoit si ingénieusement fait que tout ce qui s'y disoit fort bas étoit entendu du roi lorsqu'il étoit couché dans sa chambre ; et, comme Florine vouloit lui reprocher son infidélité, elle n'en avoit point imaginé de meilleur moyen.

On la mena dans le cabinet par ordre de Truitonne : elle commença ses plaintes et ses regrets. « Le malheur dont je voulois douter n'est que trop certain, cruel oiseau bleu ! dit-elle. Tu m'as oubliée, tu aimes mon indigne rivale. Les bracelets que j'ai reçus de ta déloyale main n'ont pu me rappeler à ton souvenir, tant j'en suis éloignée. » Alors les sanglots interrompirent ses paroles, et, quand elle eut assez de force pour parler, elle se plaignit encore et continua jusqu'au jour. Les valets de chambre l'avoient entendue toute la nuit gémir et soupirer : ils le dirent à Truitonne, qui lui demanda quel tintamarre elle avoit fait. La reine lui dit qu'elle dormoit si bien qu'ordinairement elle rêvoit et qu'elle parloit très souvent tout haut. Pour le roi, il ne l'avoit point entendue par une fatalité étrange. C'est que, depuis qu'il avoit aimé Florine, il ne pouvoit plus dormir ; et, lorsqu'il se mettoit au lit, pour lui faire prendre quelque repos, on lui donnoit de l'opium.

La reine passa une partie du jour dans une étrange inquiétude. « S'il m'a entendue, disoit-elle, se peut-il une indifférence plus cruelle ? S'il ne m'a pas entendue, que ferai-je pour parvenir à me faire entendre ? » Il ne se trouvoit plus de raretés extraordinaires : car des pierreries sont toujours belles, mais il falloit quelque chose qui piquât le goût de Truitonne : elle eut recours à ses œufs. Elle en cassa un; aussitôt il en sortit un petit carrosse d'acier poli, garni d'or de rapport : il étoit attelé de six souris vertes, conduites par un raton couleur de rose, et le postillon, qui étoit aussi de famille ratonnienne, étoit gris de lin. Il y avoit dans ce carrosse quatre marionnettes plus fringantes et plus spirituelles que toutes celles qui paroissent aux foires Saint-Germain et Saint-Laurent; elles faisoient des choses surprenantes, particulièrement deux petites Égyptiennes, qui, pour danser la sarabande et les passe-pieds, ne l'auroient pas cédé à Leance.

La reine demeura ravie de ce nouveau chef-d'œuvre de l'art nécromancien; elle ne dit mot jusqu'au soir, qui étoit l'heure que Truitonne alloit à la promenade; elle se mit dans une allée, faisant galoper ces souris, qui traînoient le carrosse, les ratons et les marionnettes. Cette nouveauté étonna si fort Truitonne qu'elle s'écria deux ou trois fois: « Mie-Souillon, Mie-Souillon, veux-tu cinq sous du carrosse et de ton attelage souriquois? — Demandez aux gens de lettres et aux docteurs de ce royaume, dit Florine, ce qu'une telle merveille peut valoir, et je m'en rapporterai à l'estimation du plus

savant. » Truitonne, qui étoit absolue en tout, lui
répliqua : « Sans m'importuner plus longtemps de
ta crasseuse présence, dis-m'en le prix. — Dormir
encore dans le Cabinet des échos, dit-elle, est tout
ce que je demande. — Va, pauvre bête, répliqua
Truitonne, tu n'en seras pas refusée »; et, se tournant vers ses dames : « Voilà une sotte créature,
dit-elle, de retirer si peu d'avantage de ses raretés. »

La nuit vint, Florine dit tout ce qu'elle put imaginer de plus tendre, et elle le dit aussi inutilement
qu'elle avoit déjà fait, parce que le roi ne manquoit jamais de prendre son opium. Les valets de
chambre disoient entre eux : « Sans doute cette
paysanne est folle ; qu'est-ce qu'elle raisonne toute
la nuit ? — Avec cela, disoient les autres, il ne laisse
pas d'y avoir de l'esprit et de la passion dans ce
qu'elle conte. » Elle attendoit impatiemment le
jour pour voir quel effet ses discours auroient produit. « Quoi ! ce barbare est devenu sourd à ma
voix ? disoit-elle. Il n'entend plus sa chère Florine !
Ah ! quelle foiblesse de l'aimer encore ! Que je mérite bien les marques de mépris qu'il me donne ! »
Mais elle y pensoit inutilement, elle ne pouvoit se
guérir de sa tendresse. Il n'y avoit plus qu'un œuf
dans son sac dont elle dût espérer du secours ; elle
le cassa, il en sortit un pâté de six oiseaux qui
étoient bardés, cuits, et fort bien apprêtés ; avec
cela ils chantoient merveilleusement bien, disoient

la bonne aventure, et savoient mieux la médecine qu'Esculape. La reine resta charmée d'une chose si admirable; elle fut avec son pâté parlant dans l'antichambre de Truitonne.

Comme elle attendoit qu'elle passât, un des valets de chambre du roi s'approcha d'elle et lui dit : « Ma Mie-Souillon, savez-vous bien que, si le roi ne prenoit pas de l'opium pour dormir, vous l'étourdiriez assurément? car vous jasez la nuit d'une manière surprenante. » Florine ne s'étonna plus de ce qu'il ne l'avoit pas entendue; elle fouilla dans son sac, et lui dit : « Je crains si peu d'interrompre le repos du roi que, si vous voulez ne lui point donner d'opium ce soir, en cas que je couche dans ce même cabinet, toutes ces perles et tous ces diamans seront pour vous. » Le valet de chambre y consentit, et lui en donna sa parole.

A quelque moment de là Truitonne vint; elle aperçut la reine avec son pâté, qui feignoit de le vouloir manger. « Que fais-tu là, ma Mie-Souillon? lui dit-elle. — Madame, répliqua Florine, je mange des astrologues, des musiciens et des médecins. » En même temps tous les oiseaux se mettent à chanter plus mélodieusement que des sirènes; puis ils s'écrièrent : « Donnez la pièce blanche, et nous vous dirons votre bonne aventure. » Un canard, qui dominoit, dit plus haut que les autres : « Can, can, can, je suis médecin, je guéris de tous maux et de toute sorte de folie, hormis de celle d'amour. » Truitonne, plus surprise de tant de merveilles qu'elle l'eût été de ses jours, jura : « Par la vertuchou, voilà un excellent pâté! je le veux avoir. Çà, çà, Mie-Souillon, que t'en donnerois-je? — Le prix ordinaire, dit-elle : coucher dans le Cabinet des échos, et rien davantage. — Tiens, dit généreusement Truitonne (car elle étoit de belle humeur par l'acquisition d'un tel pâté), tu en auras une pistole. » Florine, plus contente qu'elle l'eût encore été, parce qu'elle espéroit que le roi l'entendroit, se retira en la remerciant.

Dès que la nuit parut, elle se fit conduire dans le cabinet, souhaitant avec ardeur que le valet de chambre lui tînt parole, et qu'au lieu de donner de l'opium au roi, il lui présentât quelque autre chose qui pût le tenir éveillé. Lorsqu'elle crut que chacun s'étoit endormi, elle commença ses plaintes ordinaires. « A combien de périls me suis-je exposée, disoit-elle, pour te chercher, pendant que tu me fuis et que tu veux épouser Truitonne! Que t'ai-je donc fait, cruel, pour oublier tes sermens? Souviens-toi de ta métamorphose, de mes bontés, de nos tendres conversations. » Elle les répéta presque toutes, avec une mémoire qui prouvoit assez que rien ne lui étoit plus cher que ce souvenir.

Le roi ne dormoit point, et il entendoit si distinctement la voix de Florine et toutes ses paroles qu'il ne pouvoit comprendre d'où elles venoient; mais son cœur, pénétré de tendresse, lui rappela si vivement l'idée de son incomparable princesse qu'il sentit sa séparation avec la même douleur qu'au moment où les couteaux l'avoient blessé sur le cyprès; il se mit à parler de son côté comme la reine avoit fait du sien. « Ah! princesse, dit-il, trop cruelle pour un amant qui vous adoroit! est-il possible que vous m'ayez sacrifié à nos communs ennemis ? » Florine entendit ce qu'il disoit, et ne manqua pas de lui répondre, et de lui apprendre que, s'il vouloit entretenir la Mie-Souillon, il seroit éclairci de tous les mystères qu'il n'avoit pu pénétrer jusqu'alors. A ces mots, le roi impatient appela un de ses valets de chambre, et lui demanda s'il ne pouvoit point trouver Mie-Souillon et l'amener. Le valet de chambre répliqua que rien n'étoit plus aisé, parce qu'elle couchoit dans le Cabinet des échos.

Le roi ne savoit qu'imaginer. Quel moyen de croire qu'une si grande reine que Florine fût déguisée en souillon? Et quel moyen de croire que Mie-Souillon eût la voix de la reine, et sût des secrets si particuliers, à moins que ce ne fût elle-même? Dans cette incertitude il se leva, et, s'habillant avec précipitation, il descendit par un degré dérobé dans le Cabinet des échos, dont la reine avoit ôté la clef; mais le roi en avoit une qui ouvroit toutes les portes du palais.

Il la trouva avec une légère robe de taffetas blanc qu'elle portoit sous ses vilains habits; ses beaux cheveux couvroient ses épaules; elle étoit couchée sur un lit de repos, et une lampe un peu éloignée ne rendoit qu'une lumière sombre. Le roi entra tout d'un coup, et son amour l'emportant sur son ressentiment, dès qu'il la reconnut il vint se jeter à ses pieds, il mouilla ses mains de ses larmes, et pensa mourir de joie, de douleur, et de mille pensées différentes qui lui passèrent en même temps dans l'esprit.

La reine ne demeura pas moins troublée; son cœur se serra, elle pouvoit à peine soupirer : elle regardoit fixement le roi sans lui rien dire; et, quand elle eût eu la force de lui parler, elle n'eût pas eu celle de lui faire des reproches; le plaisir de le revoir lui fit oublier pour quelque temps les sujets de plaintes qu'elle croyoit avoir. Enfin, ils s'éclaircirent, ils se justifièrent, leur tendresse se réveilla; et tout ce qui les embarrassoit, c'étoit la fée Soussio.

Mais dans ce moment l'enchanteur qui aimoit le roi arriva avec une fée fameuse : c'étoit justement celle qui donna les quatre œufs à Florine. Après les premiers complimens, l'enchanteur et la fée déclarèrent que, leur pouvoir étant uni en faveur du roi et de la reine, Soussio ne pouvoit rien contre eux, et qu'ainsi leur mariage ne recevroit aucun retardement.

Il est aisé de se figurer la joie de ces deux jeunes amans : dès qu'il fut jour on la publia dans tout le palais, et chacun étoit ravi de voir Florine. Ces nouvelles allèrent jusqu'à Truitonne ; elle accourut chez le roi : quelle surprise d'y trouver sa belle rivale ! Dès qu'elle voulut ouvrir la bouche pour lui dire des injures, l'enchanteur et la fée parurent, qui la métamorphosèrent en truie, afin qu'il lui restât au moins une partie de son nom et de son naturel grondeur. Elle s'enfuit toujours grognant jusque dans la basse-cour, où de longs éclats de rire que l'on fit sur elle achevèrent de la désespérer.

Le roi Charmant et la reine Florine, délivrés d'une personne si odieuse, ne pensèrent plus qu'à la fête de leurs noces ; la galanterie et la magnificence y parurent également : il est aisé de juger de leur félicité après de si longs malheurs.

Quand Truitonne aspiroit à l'hymen de Charmant,
Et que, sans avoir su lui plaire,
Elle vouloit former ce triste engagement
Que la mort seule peut défaire,
Qu'elle étoit imprudente ! Hélas !
Sans doute elle ignoroit qu'un pareil mariage
Devient un funeste esclavage,
Si l'amour ne le forme pas.

Je trouve que Charmant fut sage.
A mon sens, il vaut beaucoup mieux
Être oiseau bleu, corbeau, devenir hibou même,
Que d'éprouver la peine extrême
D'avoir ce que l'on hait toujours devant les yeux.
En ces sortes d'hymens notre siècle est fertile :
Les hymens seroient plus heureux
Si l'on trouvoit encor quelque enchanteur habile
Qui voulût s'opposer à ces coupables nœuds,
Et ne jamais souffrir que l'hyménée unisse,
Par intérêt ou par caprice,
Deux cœurs infortunés, s'ils ne s'aiment tous deux.

LE PRINCE LUTIN

Il étoit une fois un roi et une reine qui n'avoient qu'un fils qu'ils aimoient passionnément, bien qu'il fût très mal fait. Il étoit aussi gros que le plus gros homme, et aussi petit que le plus petit nain. Mais ce n'étoit rien de la laideur de son visage et de la difformité de son corps en comparaison de la malice de son esprit : c'étoit une bête opiniâtre qui désoloit tout le monde. Dès sa plus grande enfance le roi le remarqua bien, mais la reine en étoit folle; elle contribuoit encore à le gâter par des complaisances outrées, qui lui faisoient connoître le pouvoir qu'il avoit sur elle; et, pour faire sa cour à cette princesse, il falloit lui dire que son fils étoit beau et spirituel. Elle voulut lui donner un nom qui inspirât du respect et de la crainte. Après avoir longtemps cherché, elle l'appela Furibon.

Quand il fut en âge d'avoir un gouverneur, le roi choisit un prince qui avoit d'anciens droits sur la couronne, qu'il auroit soutenus en homme de courage, si ses affaires avoient été en meilleur état ; mais il y avoit longtemps qu'il n'y pensoit plus : toute son application étoit à bien élever son fils unique.

Il n'a jamais été un plus beau naturel, un esprit plus vif et plus pénétrant, plus docile et plus soumis ; tout ce qu'il disoit avoit un tour heureux et une grâce particulière : sa personne étoit toute parfaite.

Le roi ayant choisi ce grand seigneur pour conduire la jeunesse de Furibon, il lui commanda d'être bien obéissant ; mais c'étoit un indocile que l'on fouettoit cent fois sans le corriger de rien. Le fils de son gouverneur s'appeloit Léandre : tout le monde l'aimoit. Les dames le voyoient très favorablement, mais il ne s'attachoit à pas une : elles l'appeloient le bel indifférent. Elles lui faisoient la guerre sans le faire changer de manière : il ne quittoit presque point Furibon ; cette compagnie ne servoit qu'à le faire trouver plus hideux. Il ne s'approchoit des dames que pour leur dire des duretés : tantôt elles étoient mal habillées, une autre fois elles avoient l'air provincial ; il les accusoit devant tout le monde d'être fardées. Il ne vouloit savoir leurs intrigues que pour en parler à la reine, qui les grondoit, et, pour les punir, elle les faisoit jeûner. Tout cela étoit cause que l'on haïssoit mortellement Furibon ; il le voyoit bien, et s'en prenoit presque toujours au jeune Léandre. « Vous êtes fort heureux, lui disoit-il en le regardant de travers : les dames vous louent et vous applaudissent, elles ne sont pas de même pour moi. — Seigneur, répliquait-il modestement, le respect qu'elles ont pour vous les empêche de se familiariser. — Elles font fort bien, disoit-il, car je les battrois comme plâtre pour leur apprendre leur devoir. »

Un jour qu'il étoit arrivé des ambassadeurs de bien loin, le prince, accompagné de Léandre, resta dans une galerie pour les voir passer. Dès que les ambassadeurs aperçurent Léandre, ils s'avancèrent, et vinrent lui faire de profondes révérences, témoignant par des signes leur admiration ; puis, regardant Furibon, ils crurent que c'étoit son nain ; ils le prirent par le bras, le firent tourner et retourner en dépit qu'il en eût.

Léandre étoit au désespoir ; il se tuoit de leur dire que c'étoit le fils du roi, ils ne l'entendoient point ; par malheur l'interprète étoit allé les attendre chez le roi. Léandre, connoissant qu'ils ne comprenoient rien à ses signes, s'humilioit encore davantage auprès de Furibon ; et les ambassadeurs, aussi bien que ceux de leur suite, croyant que c'étoit un jeu, rioient à s'en trouver mal, et vouloient lui donner des croquignoles et des nasardes à la mode de leur pays. Ce prince, désespéré, tira sa petite épée, qui n'étoit pas plus longue qu'un éventail; il auroit fait quelque violence, sans le roi qui venoit au-devant des ambassadeurs, et qui demeura bien surpris de cet emportement. Il leur en demanda excuse, car il savoit leur langue; ils lui répliquèrent que cela ne tiroit point à conséquence, qu'ils avoient bien vu que cet affreux petit nain étoit de mauvaise humeur. Le roi fut affligé que la méchante mine de son fils et ses extravagances le fissent méconnoître.

Quand Furibon ne les vit plus, il prit Léandre par les cheveux, il lui en arracha deux ou trois poignées : il l'auroit étranglé s'il avoit pu ; il lui défendit de paroître jamais devant lui. Le père de Léandre, offensé du procédé de Furibon, envoya son fils dans un château qu'il avoit à la campagne. Il ne s'y trouva point désœuvré : il aimoit la chasse, la pêche et la promenade; il savoit peindre, il lisoit beaucoup, et jouoit de plusieurs instrumens. Il s'estima heureux de n'être plus obligé de faire la cour à son fantasque prince, et, malgré la solitude, il ne s'ennuyoit pas un moment.

Un jour qu'il s'étoit promené longtemps dans ses jardins, comme la chaleur augmentoit, il entra dans un petit bois dont les arbres étoient si hauts et si touffus qu'il se trouva agréablement à l'ombre. Il commençoit à jouer de la flûte pour se divertir, lorsqu'il sentit quelque chose qui faisoit plusieurs tours à sa jambe et qui la serroit très fort. Il regarda ce que ce pouvoit être, et fut bien surpris de voir une grosse couleuvre; il prit son mouchoir, et, l'attrapant par la tête, il alloit la tuer; mais elle entortilla encore le reste de son corps autour de son bras, et, le regardant fixement, elle sembloit lui demander grâce. Un de ses jardiniers arriva là-dessus; il n'eut pas plutôt aperçu la couleuvre qu'il cria à son maître : « Seigneur, tenez-la bien, il y a une heure que je la poursuis pour la tuer; c'est la plus fine bête qui soit au monde, elle désole nos parterres. » Léandre jeta encore les yeux sur la couleuvre, qui étoit tachetée de mille couleurs extraordinaires, et qui, le regardant toujours, ne remuoit point pour se défendre. « Puisque tu voulois la tuer, dit-il à son jardinier, et qu'elle est venue se réfugier auprès de moi, je te défends de lui faire aucun mal; je veux la nourrir, et, quand elle aura quitté sa belle peau, je la laisserai aller. » Il retourna chez lui, il la mit dans une grande chambre dont il garda la clef; il lui fit apporter du son, du lait, des fleurs et des herbes pour la nourrir et pour la réjouir : voilà une couleuvre fort heureuse. Il alloit quelquefois la voir; dès qu'elle l'apercevoit, elle venoit au-devant de lui, rampant et faisant toutes les petites mines et les airs gracieux dont une couleuvre est capable. Ce prince en étoit surpris; mais cependant il n'y faisoit pas une grande attention.

Toutes les dames de la cour étoient affligées de son absence; on ne parloit que de lui, on désiroit son retour. « Hélas! disoient-elles, il n'y a plus de plaisirs à la cour depuis que Léandre en est parti; le méchant Furibon en est cause. Faut-il qu'il lui veuille du mal d'être plus aimable et plus aimé que lui? Faut-il que pour lui plaire il se défigure la taille et le visage? Faut-il que pour lui ressembler il se disloque les os, qu'il se fende la bouche jusqu'aux oreilles, qu'il s'appetisse les yeux, qu'il s'arrache le nez? Voilà un petit magot bien injuste! Il n'aura jamais de joie en sa vie, car il ne trouvera personne qui ne soit plus beau que lui. »

Quelque méchans que soient les princes, ils ont toujours des flatteurs, et même les méchans en ont plus que les autres. Furibon avoit les siens : son pouvoir sur l'esprit de la reine le faisoit craindre. On lui conta ce que les dames disoient; il se mit ans une colère qui alloit jusqu'à la fureur. Il entra ainsi dans la chambre de la reine, et lui dit qu'il alloit se tuer à ses yeux, si elle ne trouvoit le moyen de faire périr Léandre. La reine, qui le haïssoit parce qu'il étoit plus beau que son singe de fils, répliqua qu'il y avoit longtemps qu'elle le regardoit comme un traître, qu'elle donneroit volontiers les mains à sa mort; qu'il falloit qu'il allât avec ses plus confidens à la chasse, que Léandre y viendroit, et qu'on lui apprendroit bien à se faire aimer de tout le monde.

Furibon fut donc à la chasse; quand Léandre entendit des chiens et des cors dans ses bois, il monta à cheval et vint voir qui c'étoit. Il demeura fort surpris de la rencontre inopinée du prince : il mit pied à terre et le salua respectueusement; il le reçut mieux qu'il ne l'espéroit, et lui dit de le suivre. Aussitôt il se détourna, faisant signe aux assassins de ne pas manquer leur coup. Il s'éloignoit fort vite, lorsqu'un lion d'une grandeur prodigieuse sortit du fond de sa caverne, et, se lançant sur lui, le jeta par terre. Ceux qui l'accompagnoient prirent la fuite; Léandre resta seul à combattre ce furieux animal. Il fut à lui l'épée à la main; il hasarda d'en être dévoré, et par sa valeur et son adresse il sauva son plus cruel ennemi. Furibon s'étoit évanoui de peur; Léandre le secourut avec des soins merveilleux. Lorsqu'il fut un peu revenu, il lui présenta son cheval pour monter dessus : tout autre qu'un ingrat auroit ressenti jusqu'au fond du cœur des obligations si vives et si récentes, et n'auroit pas manqué de faire et de dire des merveilles; point du tout, il ne regarda pas seulement Léandre, et il ne se servit de son cheval que pour aller chercher les assassins, auxquels il ordonna de le tuer. Ils environnèrent Léandre, et il auroit été infailliblement tué s'il avoit eu moins de courage. Il gagna un arbre, il s'y appuya pour n'être pas attaqué par derrière ; il n'épargna aucun de ses ennemis, et combattit en homme désespéré. Furibon, le croyant mort, se hâta de venir pour se donner le plaisir de le voir ; mais il eut un autre spectacle que celui auquel il s'attendoit, tous ces scélérats rendoient les derniers soupirs. Quand Léandre le vit, il s'avança et lui dit : « Seigneur, si c'est par votre ordre que l'on m'assassine, je suis fâché de m'être défendu. — Vous êtes un insolent, répliqua le prince en colère ; si jamais vous paroissez devant moi, je vous ferai mourir. »

Léandre ne lui répliqua rien ; il se retira fort triste chez lui, et passa la nuit à songer à ce qu'il devoit faire, car il n'y avoit pas d'apparence de tenir tête au fils du roi. Il résolut de voyager par le monde ; mais, étant près de partir, il se souvint de la couleuvre ; il prit du lait et des fruits qu'il lui porta. En ouvrant la porte, il aperçut une lueur extraordinaire qui brilloit dans un des coins de la chambre ; il y jeta les yeux, et fut surpris de la présence d'une dame dont l'air noble et majestueux ne laissoit pas douter de la grandeur de sa naissance ; son habit étoit de satin amarante, brodé de diamans et de perles. Elle s'avança vers lui d'un air gracieux, et lui dit : « Jeune prince, ne cherchez point ici la couleuvre que vous y avez apportée, elle n'y est plus, vous me trouvez à sa place pour vous payer ce qu'elle vous doit; mais il faut vous parler plus intelligiblement. Sachez que je suis la fée Gentille, fameuse à cause des tours de gaieté et de souplesse que je sais faire; nous vivons cent ans sans vieillir, sans maladies, sans chagrins et sans peines; ce terme expiré, nous devenons couleuvres pendant huit jours : c'est ce temps seul qui nous est fatal, car alors nous ne pouvons plus prévoir ni empêcher nos malheurs, et, si l'on nous tue, nous ne ressuscitons plus : ces huit jours expirés, nous reprenons notre forme ordinaire, avec notre beauté, notre pouvoir et nos trésors. Vous savez à présent, Seigneur, les obligations que je vous ai, il est bien juste que je m'en acquitte; pensez à quoi je peux vous être utile, et comptez sur moi. »

Le jeune prince, qui n'avoit point eu jusques-là de commerce avec les fées, demeura si surpris qu'il fut longtemps sans pouvoir parler. Mais, lui faisant une profonde révérence : « Madame, dit-il, après l'honneur que j'ai eu de vous servir, il me semble que je n'ai rien à souhaiter de la fortune. — J'aurois bien du chagrin, répliqua-t-elle, que vous ne me missiez pas en état de vous être utile. Considérez que je peux vous faire un grand roi, prolonger votre vie, vous rendre plus aimable, vous donner des mines de diamans et des maisons pleines d'or ; je peux vous rendre excellent orateur, poète, musicien et peintre ; je peux vous faire aimer des dames, augmenter votre esprit ; je peux vous faire lutin aérien, aquatique et terrestre. » Léandre l'interrompit en cet endroit. « Permettez-moi, Madame, de vous demander, lui dit-il, à quoi me serviroit d'être lutin. — A mille choses utiles et agréables, repartit la fée. Vous êtes invisible quand il vous plaît, vous traversez en un instant le vaste espace de l'univers, vous vous élevez sans avoir des ailes, vous allez au fond de la terre sans être mort ; vous pénétrez les abîmes de la mer sans vous noyer ; vous entrez partout, quoique les fenêtres et les portes soient fermées ; et, dès que vous le jugez à propos, vous vous laissez voir sous votre forme naturelle. — Ah ! Madame, s'écria-t-il, je choisis d'être lutin ; je suis sur le point de voyager, j'imagine des plaisirs infinis dans ce personnage, et je le préfère à toutes les autres choses que vous m'avez si généreusement offertes. — Soyez lutin, répliqua Gentille en lui passant trois fois la main sur les yeux et sur le visage ; soyez lutin aimé, soyez lutin aimable, soyez lutin lutinant. » Ensuite elle l'embrassa et lui donna un petit chapeau rouge, garni de deux plumes de perroquet. « Quand vous mettrez ce chapeau, continua-t-elle, vous serez invisible; quand vous l'ôterez, on vous verra. »

Léandre, ravi, enfonça le petit chapeau rouge sur sa tête, et souhaita d'aller dans la forêt cueillir des roses sauvages qu'il y avoit remarquées. En même temps son corps devint aussi léger que sa pensée; il se transporta dans la forêt, passant par la fenêtre et voltigeant comme un oiseau; il ne laissa pas de sentir de la crainte lorsqu'il se vit si élevé, et qu'il traversoit la rivière; il appréhendoit de tomber dedans et que le pouvoir de la fée n'eût pas celui de le garantir. Mais il se trouva heureusement au pied du rosier; il prit trois roses, et revint sur-le-champ dans la chambre où la fée étoit encore : il les lui présenta, étant ravi que son petit coup d'essai eût si bien réussi. Elle lui dit de garder ces roses; qu'il y en avoit une qui lui fourniroit tout l'argent dont il auroit besoin; qu'en mettant l'autre sur la gorge de sa maîtresse, il connoîtroit si elle étoit fidèle, et que la dernière l'empêcheroit d'être malade. » Puis, sans attendre ses remercîmens, elle lui souhaita un heureux voyage et disparut.

Il se réjouit infiniment du beau don qu'il venoit d'obtenir. « Aurois-je pu penser, disoit-il, que, pour avoir sauvé une pauvre couleuvre des mains de mon jardinier, il m'en seroit revenu des avantages si rares et si grands? Oh! que je vais me réjouir! que je passerai d'agréables momens! que je saurai de choses ! Me voilà invisible ; je serai informé des aventures les plus secrètes. » Il songea aussi qu'il se feroit un ragoût sensible de prendre quelque vengeance de Furibon. Il mit promptement ordre à ses affaires, et monta sur le plus beau cheval de son écurie, appelé Gris-de-lin, suivi de quelques-uns de ses domestiques vêtus de sa livrée, pour que le bruit fût plus tôt répandu de son retour.

Il faut savoir que Furibon, qui étoit un grand menteur, avoit dit que sans son courage Léandre l'auroit assassiné à la chasse; qu'il avoit tué tous ses gens, et qu'il vouloit qu'on en fît justice. Le roi, importuné par la reine, donna ordre qu'on allât l'arrêter; de sorte que, lorsqu'il vint d'un air si résolu, Furibon en fut averti. Il étoit trop timide pour l'aller chercher lui-même; il courut dans la chambre de sa mère, et lui dit que Léandre venoit d'arriver, qu'il la prioit qu'on l'arrêtât. La reine, diligente pour tout ce que pouvoit désirer son magot de fils, ne manqua pas d'aller trouver le roi, et le prince, impatient de savoir ce qui seroit résolu, la suivit sans dire mot; il s'arrêta à la porte, il en approcha l'oreille, et releva ses cheveux pour mieux entendre. Léandre entra dans la grande salle du palais avec le petit chapeau rouge sur sa tête : le voilà devenu invisible. Dès qu'il aperçut Furibon qui écoutoit, il prit un clou avec un marteau, il y attacha rudement son oreille.

Furibon se désespère, enrage, frappe comme un fou à la porte, poussant de hauts cris. La reine, à cette voix, courut l'ouvrir ; elle acheva d'emporter l'oreille de son fils ; il saignoit comme si on l'eût égorgé, et faisoit une laide grimace. La reine, inconsolable, le met sur ses genoux, porte la main à son oreille, la baise et l'accommode. Lutin se saisit d'une poignée de verges dont on fouettoit les petits chiens du roi, et commença d'en donner plusieurs coups sur les mains de la reine et sur le museau de son fils : elle s'écrie qu'on l'assassine, qu'on l'assomme. Le roi regarde, le monde accourt, l'on n'aperçoit personne ; l'on dit tout bas que la reine est folle, et que cela ne lui vient que de douleur de voir l'oreille de Furibon arrachée. Le roi est le premier à le croire, il l'évite quand elle veut l'approcher : cette scène étoit fort plaisante. Enfin le bon Lutin donne encore mille coups à Furibon, puis il sort de la chambre, passe dans le jardin, et se rend visible. Il va hardiment cueillir les cerises, les abricots, les fraises et les fleurs du parterre de la reine : c'étoit elle seule qui les arrosoit, il y alloit de la vie d'y toucher. Les jardiniers, bien surpris, vinrent dire à Leurs Majestés que le prince Léandre dépouilloit les arbres de fruits et le jardin de fleurs. « Quelle insolence ! s'écria la reine. Mon petit Furibon, mon cher poupard, oublie pour un moment ton mal d'oreille, et cours vers ce scélérat; prends nos gardes, nos mousquetaires, nos gendarmes, nos courtisans; mets-toi à leur tête, attrape-le et fais-en une capilotade. »

Furibon, animé par sa mère et suivi de mille hommes bien armés, entre dans le jardin, et voit Léandre sous un arbre qui lui jette une pierre dont il lui casse le bras, et plus de cent oranges au reste de sa troupe. On voulut courir vers Léandre, mais en même temps on ne le vit plus. Il se glissa derrière Furibon qui étoit déjà bien mal; il lui passa une corde dans les jambes, le voilà tombé sur le nez; on le relève et on le porte dans son lit bien malade.

Léandre, satisfait de cette vengeance, retourna où ses gens l'attendoient; il leur donna de l'argent et les renvoya dans son château, ne voulant mener personne avec lui qui pût connoître les secrets du petit chapeau rouge et des roses. Il n'avoit point déterminé où il vouloit aller; il monta sur son beau cheval, appelé Gris-de-lin, et le laissa marcher à l'aventure. Il traversa des bois, des plaines, des coteaux et des vallées sans compte et sans nombre; il se reposoit de temps en temps, mangeoit et dormoit, sans rencontrer rien digne de remarque. Enfin il arriva dans une forêt, où il s'arrêta pour se mettre un peu à l'ombre, car il faisoit grand chaud.

Au bout d'un moment il entendit soupirer et

sangloter; il regarda de tous côtés, il aperçut un homme qui couroit, qui s'arrêtoit, qui crioit, qui se taisoit, qui s'arrachoit les cheveux, qui se meurtrissoit de coups; il ne douta point que ce ne fût quelque malheureux insensé. Il lui parut bien fait et jeune; ses habits avoient été magnifiques, mais ils étoient tout déchirés. Le prince, touché de compassion, l'aborda : « Je vous vois dans un état, lui dit-il, si pitoyable, que je ne peux m'empêcher de vous en demander le sujet, en vous offrant mes services. — Ah! Seigneur, répondit ce jeune homme, il n'y a plus de remède à mes maux : c'est aujourd'hui que ma chère maîtresse va être sacrifiée à un vieux jaloux qui a beaucoup de bien, mais qui la rendra la plus malheureuse personne du monde! — Elle vous aime donc? dit Léandre. — Je puis m'en flatter, répliqua-t-il. — Et dans quel lieu est-elle? continua le prince. — Dans un château au bout de cette forêt, répondit l'amant. — Eh bien, attendez-moi, dit encore Léandre, je vous en donnerai de bonnes nouvelles avant qu'il soit peu. » En même temps il mit le petit chapeau rouge, et se souhaita dans le château. Il n'y étoit pas encore qu'il entendit l'agréable bruit de la symphonie. En arrivant, tout retentissoit de violons et d'instrumens; il entre dans un grand salon rempli des parens et des amis du vieillard et de la jeune demoiselle. Rien n'étoit plus aimable qu'elle; mais la pâleur de son teint, la mélancolie qui paroissoit sur son visage et les larmes qui lui couvroient les yeux de temps en temps marquoient assez sa peine.

Léandre étoit alors Lutin, il resta dans un coin pour connoître une partie de ceux qui étoient présens. Il vit le père et la mère de cette jolie fille, qui la grondoient tout bas de la mauvaise mine qu'elle faisoit; ensuite ils retournèrent à leur place. Lutin se mit derrière la mère, et, s'approchant de son oreille, il lui dit : « Puisque tu contrains ta fille de donner sa main à ce vieux magot, assure-toi qu'avant huit jours tu en seras punie par ta mort. » Cette femme, effrayée d'entendre une voix et de n'apercevoir personne, et encore plus de la menace qui lui étoit faite, jeta un grand cri et tomba de son haut. Son mari lui demanda ce qu'elle avoit. Elle s'écria qu'elle étoit morte si le mariage de sa fille s'achevoit; qu'elle ne le souffriroit pas pour tous les trésors du monde. Le mari voulut se moquer d'elle : il la traitoit de visionnaire; mais Lutin s'en approcha et lui dit : « Vieil incrédule, si tu ne crois ta femme, il t'en coûtera la vie; romps l'hymen de ta fille, et la donne promptement à celui qu'elle aime. » Ces paroles produisirent un effet admirable; on congédia sur-le-champ le fiancé, on lui dit qu'on ne rompoit que par des ordres d'en haut. Il en vouloit douter et chicaner, car il étoit Normand; mais Lutin lui fit un si terrible *hou hou* dans l'oreille qu'il en pensa devenir sourd, et, pour l'achever, il lui marcha si fort sur ses pieds goutteux qu'il les écrasa.

Ainsi on courut chercher l'amant du bois, qui continuoit de se désespérer. Lutin l'attendoit avec mille impatiences, et il n'y avoit que sa jeune maîtresse qui pût en avoir davantage. L'amant et la maîtresse furent sur le point de mourir de joie; le festin qui avoit été préparé pour les noces du vieillard servit à celles de ces heureux amans; et Lutin, se délutinant, parut tout d'un coup à la porte de la salle, comme un étranger qui étoit attiré par le bruit de la fête. Dès que le marié l'aperçut, il courut se jeter à ses pieds, le nommant de tous les noms que sa reconnoissance pouvoit lui fournir. Il passa deux jours dans ce château, et s'il avoit voulu il les auroit ruinés, car ils lui offrirent tout leur bien; il ne quitta une si bonne compagnie qu'avec regret.

Il continua son voyage, et se rendit dans une grande ville où étoit une reine qui se faisoit un plaisir de grossir sa cour des plus belles personnes de son royaume. Léandre en arrivant se fit faire le plus grand équipage que l'on eût jamais vu; mais aussi il n'avoit qu'à secouer sa rose, et l'argent ne manquoit point. Il est aisé de juger qu'étant beau, jeune, spirituel, et surtout magnifique, la reine et toutes les princesses le reçurent avec mille témoignages d'estime et de considération.

Cette cour étoit des plus galantes; n'y point aimer, c'étoit se donner un ridicule : il voulut suivre la coutume, et pensa qu'il se feroit un jeu de l'amour, et qu'en s'en allant il laisseroit sa passion comme son train. Il jeta les yeux sur une des filles d'honneur de la reine, qu'on appeloit la belle Blondine. C'étoit une personne fort accomplie, mais si froide et si sérieuse qu'il ne savoit pas trop par où s'y prendre pour lui plaire.

Il lui donnoit des fêtes enchantées, le bal et la comédie tous les soirs; il lui faisoit venir des raretés des quatre parties du monde, tout cela ne pouvoit la toucher; et plus elle lui paroissoit indifférente, plus il s'obstinoit à lui plaire : ce qui l'engageoit davantage, c'est qu'il croyoit qu'elle n'avoit jamais rien aimé. Pour être plus certain, il lui prit envie d'éprouver sa rose; il la mit en badinant sur la gorge de Blondine : en même temps, de fraîche et d'épanouie qu'elle étoit, elle devint sèche et fanée. Il n'en fallut pas davantage pour faire connoître à Léandre qu'il avoit un rival aimé; il le ressentit vivement, et, pour en être convaincu par ses yeux, il se souhaita le soir dans la chambre de Blondine. Il y vit un musicien de la plus méchante mine qu'il est possible; il lui hurla trois ou quatre couplets qu'il avoit faits pour elle, dont les paroles et la musique étoient détestables ; mais elle s'en récréoit comme de la plus belle chose qu'elle eût entendue de sa vie ; il faisoit des grimaces de possédé, qu'elle louoit, tant elle étoit folle de lui ; et enfin elle permit à ce crasseux de lui baiser la main pour sa peine. Lutin, outré, se jeta sur l'impertinent musicien, et, le poussant rudement contre un balcon, il le jeta dans le jardin, où il se cassa ce qui lui restoit de dents.

Si la foudre étoit tombée sur Blondine, elle n'auroit pas été plus surprise ; elle crut que c'étoit un esprit. Lutin sortit de la chambre sans se laisser voir, et sur-le-champ il retourna chez lui, où il écrivit à Blondine tous les reproches qu'elle méritoit. Sans attendre sa réponse il partit, laissant son équipage à ses écuyers et à ses gentilshommes ; il récompensa le reste de ses gens. Il prit le fidèle Gris-de-lin et monta dessus, bien résolu de ne plus aimer après un tel tour.

Léandre s'éloigna d'une vitesse extrême. Il fut longtemps chagrin ; mais sa raison et l'absence le guérirent. Il se rendit dans une autre ville, où il apprit en arrivant qu'il y avoit ce jour-là une grande cérémonie pour une fille qu'on alloit mettre parmi les vestales, quoiqu'elle n'y voulût point entrer. Le prince en fut touché ; il sembloit que son petit chapeau rouge ne lui devoit servir que pour réparer les torts publics et pour consoler les affligés. Il courut au temple ; la jeune enfant étoit couronnée de fleurs, vêtue de blanc, couverte de ses cheveux ; deux de ses frères la conduisoient par la main, et sa mère la suivoit avec une grosse troupe d'hommes et de femmes ; la plus ancienne des vestales attendoit à la porte du temple. En même temps Lutin cria à tue-tête : « Arrêtez, arrêtez, mauvais frères, mère inconsidérée, arrêtez, le Ciel s'oppose à cette injuste cérémonie ! Si vous passez outre, vous serez écrasés comme des grenouilles. » On regardoit de tous côtés sans voir d'où venoient ces terribles menaces. Les frères dirent que c'etoit l'amant de leur sœur qui s'étoit caché au fond de quelque trou pour faire ainsi l'oracle ; mais Lutin en colère prit un long bâton et leur en donna cent coups. On voyoit hausser et baisser le bâton sur leurs épaules, comme un marteau dont on auroit frappé l'enclume ; il n'y avoit plus moyen de dire que les coups n'étoient pas réels. La frayeur saisit les vestales, elles s'enfuirent ; chacun en fit autant : Lutin resta avec la jeune victime. Il ôta promptement son petit chapeau, et lui demanda en quoi il pouvoit la servir. Elle lui dit, avec plus de hardiesse qu'on n'en auroit attendu d'une fille de son âge, qu'il y avoit un cavalier qui ne lui étoit pas indifférent, mais qu'il lui manquoit du bien ; il leur secoua tant la rose de la fée Gentille qu'il leur laissa dix millions : ils se marièrent et vécurent très heureux.

La dernière aventure qu'il eut fut la plus agréable. En entrant dans une grande forêt, il entendit les cris plaintifs d'une jeune personne : il ne douta point qu'on ne lui fît quelque violence ; il regarda de tous côtés, et enfin il aperçut quatre hommes bien armés qui emmenoient une fille qui paroissoit avoir treize ou quatorze ans. Il s'approcha au plus vite et leur cria : « Que vous a fait cette enfant pour la traiter comme une esclave? — Ha! ha! mon petit seigneur, dit le plus apparent de la troupe, de quoi vous mêlez-vous? — Je vous ordonne, ajouta Léandre, de la laisser tout à l'heure. — Oui, oui, nous n'y manquerons pas », s'écrièrent-ils en riant. Le prince en colère se jette par terre et met le petit chapeau rouge, car il ne trouvoit pas trop nécessaire d'attaquer lui seul quatre hommes qui étoient assez forts pour en battre douze.

Quand il eut son petit chapeau, bien fin qui l'auroit vu ; les voleurs dirent : « Il a fui, ce n'est pas la peine de le chercher ; attrapons seulement son cheval. » Il y en eut un qui resta avec la jeune fille pour la garder, pendant que les trois autres coururent après Gris-de-lin qui leur donnoit bien de l'exercice : la petite fille continuoit de crier et de se plaindre. « Hélas! ma belle princesse, disoit-elle, que j'étois heureuse dans votre palais! Comment pourrai-je vivre éloignée de

vous? Si vous saviez ma triste aventure, vous enverriez vos amazones après la pauvre Abricotine. »
Léandre l'écoutoit, et sans tarder il saisit le bras du voleur qui la retenoit, et l'attacha contre un arbre, sans qu'il eût le temps ni la force de se défendre, car il ne voyoit pas même celui qui le lioit. Aux cris qu'il fit, il y eut un de ses camarades qui vint tout essoufflé et lui demanda qui l'avoit attaché. « Je n'en sais rien, dit-il, je n'ai vu personne. — C'est pour t'excuser, dit l'autre; mais je sais depuis longtemps que tu n'es qu'un poltron, je vais te traiter comme tu le mérites. » Il lui donna une vingtaine de coups d'étrivière.

Lutin se divertissoit fort à le voir crier; puis, s'approchant du second voleur, il lui prit les bras et l'attacha vis-à-vis de son camarade. Il ne manqua pas alors de lui dire : « Hé bien, brave homme, qui vient donc de te garrotter? N'es-tu pas un grand poltron de l'avoir souffert? » L'autre ne disoit mot, et baissoit la tête de honte, ne pouvant imaginer par quel moyen il avoit été attaché sans avoir vu personne.

Cependant Abricotine profita de ce moment sans savoir même où elle alloit. Léandre, ne la voyant plus, appela trois fois Gris-de-lin, qui, se sentant pressé d'aller trouver son maître, se défit en deux coups de pied de deux voleurs qui l'avoient poursuivi; il cassa la tête de l'un, et trois côtes de l'autre. Il n'étoit plus question que de rejoindre Abricotine, car elle avoit paru fort jolie à Lutin ; il souhaita d'être où étoit cette jeune fille. En même temps il y fut; il la trouva si lasse, si lasse, qu'elle s'appuyoit contre les arbres, ne pouvant se soutenir. Lorsqu'elle aperçut Gris-delin, qui venoit si gaillardement, elle s'écria : « Bon, bon ! voici un joli cheval qui reportera Abricotine au Palais des plaisirs. » Lutin l'entendoit bien, mais elle ne le voyoit pas. Il s'approche, Gris-delin s'arrête, elle se jette dessus; Lutin la serre entre ses bras, et la met doucement devant lui. Oh ! qu'Abricotine eut de peur de sentir quelqu'un et de ne voir personne ! Elle n'osoit remuer, elle fermoit les yeux crainte d'apercevoir un esprit ; elle ne disoit pas un pauvre petit mot. Le prince, qui avoit toujours dans ses poches les meilleures dragées du monde, lui en voulut mettre dans la bouche, mais elle serroit les dents et les lèvres.

Enfin il ôta son petit chapeau, et lui dit : « Comment ! Abricotine, vous êtes bien timide de me craindre si fort : c'est moi qui vous ai tirée de la main des voleurs. » Elle ouvrit les yeux et le reconnut. « Ah ! Seigneur, dit-elle, je vous dois tout ! Il est vrai que j'avois grande peur d'être avec un invisible. — Je ne suis point invisible, répliqua-t-il, mais apparemment que vous aviez mal aux yeux, et que cela vous empêchoit de me voir. » Abricotine le crut, quoique d'ailleurs elle eût beaucoup d'esprit. Après avoir parlé quelque temps de choses indifférentes, Léandre la pria de lui apprendre son âge, son pays, et par quel hasard elle étoit tombée entre les mains des voleurs. « Je vous ai trop d'obligation, dit-elle, pour refuser de satisfaire votre curiosité ; mais, Seigneur, je vous supplie de songer moins à m'écouter qu'à avancer notre voyage.

« Une fée dont le savoir n'a rien d'égal s'entêta si fort d'un certain prince, qu'encore qu'elle fût la première fée qui eût eu la foiblesse d'aimer, elle ne laissa pas de l'épouser en dépit de toutes les autres, qui lui représentoient sans cesse le tort qu'elle faisoit à l'ordre de féerie : elles ne voulurent plus qu'elle demeurât avec elles, et tout ce qu'elle put faire, ce fut de se bâtir un grand palais proche de leur royaume. Mais le prince qu'elle avoit épousé se lassa d'elle : il étoit au désespoir de ce qu'elle devinoit tout ce qu'il faisoit. Dès qu'il avoit le moindre penchant pour une autre, elle lui faisoit le sabbat, et rendoit laide à faire peur la plus jolie personne du monde.

« Ce prince, se trouvant gêné par l'excès d'une tendresse si incommode, partit un beau matin sur des chevaux de poste, et s'en alla bien loin, bien loin, se fourrer dans un grand trou au fond d'une montagne, afin qu'elle ne pût le trouver. Cela ne

réussit pas ; elle le suivit, et lui dit qu'elle étoit grosse, qu'elle le conjuroit de revenir à son palais, qu'elle lui donneroit de l'argent, des chevaux, des chiens, des armes; qu'elle feroit faire un manège, un jeu de paume et un mail pour le divertir. Tout cela ne put le persuader ; il étoit naturellement opiniâtre et libertin. Il lui dit cent duretés ; il l'appela vieille fée et loup-garou. « Tu es bienheureux,
« lui dit-elle, que je sois plus sage que tu n'es
« fou : car je ferois de toi, si je voulois, un chat
« criant éternellement sur les gouttières, ou un vi-
« lain crapaud barbotant dans la boue, ou une ci-
« trouille, ou une chouette; mais le plus grand mal
« que je puisse te faire, c'est de t'abandonner à ton
« extravagance. Reste dans ton trou, dans ta ca-
« verne obscure avec les ours, appelle les bergères
« du voisinage; tu connoîtras avec le temps la dif-
« férence qu'il y a entre des gredines et des
« paysannes, ou une fée comme moi, qui peut se
« rendre aussi charmante qu'elle le veut. »

« Elle entra aussitôt dans son carrosse volant, et s'en alla plus vite qu'un oiseau. Dès qu'elle fut de retour, elle transporta son palais, elle en chassa les gardes et les officiers; elle prit des femmes de race d'amazones, elle les envoya autour de son île pour y faire une garde exacte, afin qu'aucun homme n'y pût entrer. Elle nomma ce lieu l'Ile des Plaisirs tranquilles ; elle disoit toujours qu'on n'en pouvoit avoir de véritables quand on faisoit quelque société avec les hommes : elle éleva sa fille dans cette opinion. Il n'a jamais été une plus belle personne : c'est la princesse que je sers, et, comme les plaisirs règnent avec elle, on ne vieillit point dans son palais : telle que vous me voyez, j'ai plus de deux cents ans. Quand ma maîtresse fut grande, sa mère la fée lui laissa son île ; elle lui donna des leçons excellentes pour vivre heureuse : elle retourna dans le royaume de féerie, et la princesse des Plaisirs tranquilles gouverne son État d'une manière admirable.

« Il ne me souvient pas, depuis que je suis au monde, d'avoir vu d'autres hommes que les voleurs qui m'avoient enlevée, et vous, Seigneur. Ces gens-là m'ont dit qu'ils étoient envoyés par un certain laid et malbâti, appelé Furibon, qui aime ma maîtresse, et n'a jamais vu que son portrait. Ils rôdoient autour de l'île sans oser y mettre le pied : nos amazones sont trop vigilantes pour laisser entrer personne ; mais, comme j'ai soin des oiseaux de la princesse, je laissai envoler son beau perroquet, et, dans la crainte d'être grondée, je sortis imprudemment de l'île pour l'aller chercher ; ils m'attrapèrent et m'auroient emmenée avec eux sans votre secours.

— Si vous êtes sensible à la reconnoissance, dit Léandre, ne puis-je pas espérer, belle Abricotine, que vous me ferez entrer dans l'Ile des Plaisirs tranquilles, et que je verrai cette merveilleuse princesse qui ne vieillit point? — Ah! Seigneur, lui dit-elle, nous serions perdus, vous et moi, si nous faisions une telle entreprise! Il vous doit être aisé de vous passer d'un bien que vous ne connoissez point; vous n'avez jamais été dans ce palais, figurez-vous qu'il n'y en a point. — Il n'est pas si facile que vous le pensez, répliqua le prince, d'ôter de sa mémoire les choses qui s'y placent agréablement; et je ne conviens pas avec vous que ce soit un moyen bien sûr pour avoir des plaisirs tranquilles, d'en bannir absolument notre sexe. — Seigneur, répondit-elle, il ne m'appartient pas de décider là-dessus; je vous avoue même que, si tous les hommes vous ressembloient, je serois bien d'avis que la princesse fît d'autres lois; mais, puisque, n'en ayant jamais vu que cinq, j'en ai trouvé quatre si méchans, je conclus que le nombre des mauvais est supérieur à celui des bons, et qu'il vaut mieux les bannir tous. »

En parlant ainsi ils arrivèrent au bord d'une grosse rivière. Abricotine sauta légèrement à terre. « Adieu, Seigneur, dit-elle au prince en lui faisant une profonde révérence; je vous souhaite tant de bonheur que toute la terre soit pour vous l'Ile des Plaisirs: retirez-vous promptement, crainte que nos amazones ne vous aperçoivent. — Et moi, dit-il, belle Abricotine, je vous souhaite un cœur sensible, afin d'avoir quelquefois part dans votre souvenir. »

En même temps il s'éloigna et fut dans le plus épais d'un bois qu'il voyoit proche de la rivière; il ôta la selle et la bride à Gris-de-lin, pour qu'il pût se promener et paître l'herbe : il mit le petit chapeau rouge, et se souhaita dans l'Ile des Plaisirs tranquilles. Son souhait s'accomplit sur-le-champ, il se trouva dans le lieu du monde le plus beau et le moins commun.

Le palais étoit d'or pur; il s'élevoit dessus des figures de cristal et de pierreries, qui représentoient le zodiaque et toutes les merveilles de la nature, les sciences et les arts, les élémens, la mer et les poissons, la terre et les animaux, les chasses de Diane avec ses nymphes, les nobles exercices des amazones, les amusemens de la vie champêtre, les troupeaux des bergères et leurs chiens, les soins de la vie rustique, l'agriculture, les moissons, les jardins, les fleurs, les abeilles; et, parmi tant de différentes choses, il n'y paroissoit ni hommes, ni garçons, pas un pauvre petit Amour : la fée avoit été trop en colère contre son léger époux pour faire grâce à son sexe infidèle.

« Abricotine ne m'a point trompé, dit le prince en lui-même; l'on a banni de ces lieux jusqu'à l'idée des hommes : voyons donc s'ils y perdent beaucoup. » Il entra dans le palais et rencontroit à chaque pas des choses si merveilleuses que, lorsqu'il y avoit une fois jeté les yeux, il se faisoit une violence extrême pour les en retirer; l'or et les diamans étoient bien moins rares par leurs qualités que par la manière dont ils étoient employés. Il voyoit de tous côtés des jeunes personnes d'un air doux, innocent, riantes et belles comme le beau jour. Il traversa un grand nombre de vastes appartemens : les uns étoient remplis de ces beaux morceaux de la Chine dont l'odeur, jointe à la bizarrerie des couleurs et des figures, plaisent infiniment; d'autres étoient de porcelaines si fines que l'on voyoit le jour au travers des murailles qui en étoient faites; d'autres étoient de cristal de roche gravé : il y en avoit d'ambre et de corail, de lapis, d'agate, de cornaline, et celui de la princesse étoit tout entier de grandes glaces de miroirs : car on ne pouvoit trop multiplier un objet si charmant.

Son trône étoit fait d'une seule perle creusée en coquille où elle s'asseyoit fort commodément; il étoit environné de girandoles garnies de rubis et de diamans, mais c'étoit moins que rien auprès de l'incomparable beauté de la princesse. Son air enfantin avoit toutes les grâces des plus jeunes personnes, avec toutes les manières de celles qui sont déjà formées. Rien n'étoit égal à la douceur et à la vivacité de ses yeux : il étoit impossible de lui trouver un défaut; elle sourioit gracieusement à ses filles d'honneur, qui s'étoient ce jour-là vêtues en nymphes pour la divertir.

Comme elle ne voyoit point Abricotine, elle leur demanda où elle étoit. Les nymphes répondirent qu'elles l'avoient cherchée inutilement, qu'elle ne paroissoit point. Lutin, mourant d'envie de causer, prit un petit ton de voix de perroquet (car il y en avoit plusieurs dans la chambre) et dit : « Charmante princesse, Abricotine reviendra bientôt; elle couroit grand risque d'être enlevée, sans un jeune prince qu'elle a trouvé. » La princesse demeura surprise de ce que lui disoit perroquet, car il avoit répondu très juste. « Vous êtes bien joli, petit perroquet, lui dit-elle, mais vous avez l'air de vous tromper, et quand Abricotine sera venue elle vous fouettera. — Je ne serai point fouetté, répondit Lutin, contrefaisant toujours le perroquet; elle vous contera l'envie qu'avoit cet étranger de pouvoir venir dans ce palais pour détruire dans votre esprit les fausses idées que vous avez prises contre son sexe. — En vérité, perroquet, s'écria la princesse, c'est dommage que vous ne soyez pas tous les jours aussi aimable, je vous aimerois chèrement. — Ah! s'il ne faut que causer pour vous plaire, répliqua Lutin, je ne cesserai pas un moment de parler. — Mais,

continua la princesse, ne jureriez-vous pas que
perroquet est sorcier? — Il est bien plus amoureux
que sorcier », dit-il. Dans ce moment Abricotine
entra, et vint se jeter aux pieds de sa belle maîtresse : elle lui apprit son aventure, et lui fit le portrait du prince avec des couleurs fort vives et fort
avantageuses.

« J'aurois haï tous les hommes, ajouta-t-elle,
si je n'avois pas vu celui-là. Ah! Madame, qu'il
est charmant! Son air et toutes ses manières ont
quelque chose de noble et spirituel ; et, comme tout
ce qu'il dit plaît infiniment, je crois que j'ai bien
fait de ne le pas amener. » La princesse ne répliqua rien là-dessus, mais elle continua de questionner Abricotine sur le prince : si elle ne savoit
point son nom, son pays, sa naissance, d'où il venoit, où il alloit; et ensuite elle tomba dans une
profonde rêverie.

Lutin examinoit tout, et, continuant de parler
comme il avoit commencé : « Abricotine est une
ingrate, Madame, dit-il ; ce pauvre étranger mourra
de chagrin s'il ne vous voit pas. — Eh bien, perroquet, qu'il en meure, répondit la princesse en soupirant ; et, puisque tu te mêles de raisonner en personne d'esprit, et non pas en petit oiseau, je te
défends de me parler jamais de cet inconnu. »

Léandre étoit ravi de voir que le récit d'Abricotine et celui du perroquet avoient fait tant d'im-

pression sur la princesse ; il la regardoit avec un plaisir qui lui fit oublier ses sermens de n'aimer de sa vie : il n'y avoit aussi aucune comparaison à faire entre elle et la coquette Blondine. « Est-il possible, disoit-il en lui-même, que ce chef-d'œuvre de la nature, que ce miracle de nos jours demeure éternellement dans une île, sans qu'aucun mortel ose en approcher ! Mais, continuoit-il, de quoi m'importe que tous les autres en soient bannis, puisque j'ai le bonheur d'y être, que je la vois, que je l'entends, que je l'admire et que je l'aime déjà éperdument ! »

Il étoit tard, la princesse passa dans un salon de marbre et de porphyre, où plusieurs fontaines jaillissantes entretenoient une agréable fraîcheur. Dès qu'elle fut entrée, la symphonie commença, et l'on servit un souper somptueux. Il y avoit dans les côtés de la salle de longues volières remplies d'oiseaux rares dont Abricotine prenoit soin.

Léandre avoit appris dans ses voyages la manière de chanter comme eux, il en contrefit même qui n'y étoient pas. La princesse écoute, regarde, s'émerveille, sort de table et s'approche. Lutin gazouille la moitié plus fort et plus haut, et, prenant la voix d'un serin de Canarie, il dit ces paroles, où il fit un air impromptu :

> Les plus beaux jours de la vie
> S'écoulent sans agrément ;

> Si l'Amour n'est de la partie,
> On les passe tristement :
> Aimez, aimez tendrement,
> Tout ici vous y convie ;
> Faites le choix d'un amant,
> L'Amour même vous en prie.

La princesse, encore plus surprise, fit venir Abricotine, et lui demanda si elle avoit appris à chanter à quelqu'un de ses serins. Elle lui dit que non, mais qu'elle croyoit que les serins pouvoient bien avoir autant d'esprit que les perroquets. La princesse sourit, et s'imagina qu'Abricotine avoit donné des leçons à la gente volatile ; elle se remit à table pour achever son souper.

Léandre avoit assez fait de chemin pour avoir bon appétit ; il s'approcha de ce grand repas, dont la seule odeur réjouissoit. La princesse avoit un chat bleu fort à la mode, qu'elle aimoit beaucoup ; une de ses filles d'honneur le tenoit entre ses bras ; elle lui dit : « Madame, je vous avertis que Bluet a faim. » On le mit à table avec une petite assiette d'or, et dessus une serviette à dentelle bien pliée : l avoit un grelot d'or avec un collier de perles, et, d'un air de Rominagrobis, il commença à manger. « Ho, ho ! dit Lutin en lui-même, un gros matou bleu, qui n'a peut-être jamais pris de souris et qui n'est pas assurément de meilleure maison que moi, a l'honneur de manger avec ma belle princesse ! Je voudrois bien savoir s'il l'aime autant que je le fais, et s'il est juste que je n'avale que de la fumée quand il croque de bons morceaux. » Il ôta tout doucement le chat bleu, il s'assit dans le fauteuil et le mit sur lui. Personne ne voyoit Lutin : comment l'auroit-on vu ? il avoit le petit chapeau rouge. La princesse mettoit perdreaux, cailleteaux, faisandeaux, sur l'assiette d'or de Bluet ; perdreaux, cailleteaux, faisandeaux, disparoissoient en un moment ; toute la cour disoit : « Jamais Chat bleu n'a mangé d'un plus grand appétit. » Il y avoit des ragoûts excellens ; Lutin prenoit une fourchette, et, tenant la patte du chat, il tâtoit aux ragoûts : il la tiroit quelquefois un peu trop fort ; Bluet n'entendoit point raillerie, il miauloit et vouloit égratigner comme un chat désespéré ; la princesse disoit : « Que l'on approche cette tourte ou cette fricassée au pauvre Bluet ; voyez comme il crie pour en avoir ! » Léandre rioit tout bas d'une si plaisante aventure, mais il avoit grand soif, n'étant point accoutumé à faire de si longs repas sans boire : il attrapa un gros melon avec la patte du chat, qui le désaltéra un peu, et, le souper étant presque fini, il courut au buffet et prit deux bouteilles d'un nectar délicieux.

La princesse entra dans son cabinet ; elle dit à Abricotine de la suivre et de fermer la porte. Lutin marchoit sur ses pas, et se trouva en tiers sans être aperçu. La princesse dit à sa confidente : « Avoue-

moi que tu as exagéré en me faisant le portrait de
cet inconnu ; il n'est pas, ce me semble, possible
qu'il soit si aimable. — Je vous proteste, Madame,
répliqua-t-elle, que, si j'ai manqué en quelque
chose, c'est à n'en avoir pas dit assez. » La princesse soupira et se tut pour un moment ; puis, repre-
nant la parole : « Je te sais bon gré, dit-elle, de
lui avoir refusé de l'amener avec toi. — Mais,
Madame, répondit Abricotine (qui étoit une franche
finette, et qui pénétroit déjà les pensées de sa
maîtresse), quand il seroit venu admirer les merveilles de ces beaux lieux, quel mal vous en pou-
voit-il arriver? Voulez-vous être éternellement in-
connue dans un coin du monde, cachée au reste
des mortels? De quoi vous sert tant de grandeur,
de pompe, de magnificence, si elle n'est vue de
personne? — Tais-toi, tais-toi, petite causeuse,
dit la princesse, ne trouble point l'heureux repos
dont je jouis depuis six cents ans. Penses-tu que,
si je menois une vie inquiète et turbulente, j'eusse
vécu un si grand nombre d'années? Il n'y a que
les plaisirs innocens et tranquilles qui puissent pro-
duire de tels effets. N'avons-nous pas lu dans les
plus belles histoires les révolutions des plus grands
États, les coups imprévus d'une fortune incon-
stante, les désordres inouis de l'amour, les peines
de l'absence ou de la jalousie? Qu'est-ce qui produit toutes ces alarmes et toutes ces afflictions? le

seul commerce que les humains ont les uns avec les autres. Je suis, grâces aux soins de ma mère, exempte de toutes ces traverses; je ne connois ni les amertumes du cœur, ni les désirs inutiles, ni l'envie, ni l'amour, ni la haine. Ah! vivons, vivons toujours avec la même indifférence! »

Abricotine n'osa répondre; la princesse attendit quelque temps, puis elle lui demanda si elle n'avoit rien à dire. Elle répliqua qu'elle pensoit qu'il étoit donc bien inutile d'avoir envoyé son portrait dans plusieurs cours, où il ne serviroit qu'à faire des misérables; que chacun auroit envie de l'avoir, et que, n'y pouvant réussir, ils se désespéreroient. « Je t'avoue, malgré cela, dit la princesse, que je voudrois que mon portrait tombât entre les mains de cet étranger dont tu ne sais pas le nom. — Hé! Madame, répondit-elle, n'a-t-il pas déjà un désir assez violent de vous voir? Voudriez-vous l'augmenter? — Oui, s'écria la princesse, un certain mouvement de vanité qui m'avoit été inconnu jusqu'à présent m'en fait naître l'envie. » Lutin écoutoit tout sans en perdre un mot; il y en avoit plusieurs qui lui donnoient de flatteuses espérances, et quelques autres les détruisoient absolument.

Il étoit tard, la princesse entra dans sa chambre pour se coucher. Lutin auroit bien voulu la suivre à sa toilette; mais, encore qu'il le pût, le respect qu'il avoit pour elle l'en empêcha; il lui sembloit qu'il ne devoit prendre que les libertés qu'elle auroit bien voulu lui accorder; et sa passion étoit si délicate et si ingénieuse qu'il se tourmentoit sur les plus petites choses.

Il entra dans un cabinet proche de la chambre de la princesse, pour avoir au moins le plaisir de l'entendre parler. Elle demandoit dans ce moment à Abricotine si elle n'avoit rien vu d'extraordinaire dans son petit voyage. « Madame, lui dit-elle, j'ai passé par une forêt où j'ai vu des animaux qui ressembloient à des enfans; ils sautent et dansent sur les arbres comme des écureuils; ils sont fort laids, mais leur adresse est sans pareille. — Ah! que j'en voudrois avoir! dit la princesse; s'ils étoient moins légers, on en pourroit attraper. »

Lutin, qui avoit passé par cette forêt, se douta bien que c'étoient des singes. Aussitôt il s'y souhaita; il en prit une douzaine, de gros, de petits, et de plusieurs couleurs différentes; il les mit avec bien de la peine dans un grand sac, puis se souhaita à Paris, où il avoit entendu dire que l'on trouvoit tout ce qu'on vouloit pour de l'argent. Il fut acheter chez Dautel, qui est un curieux, un petit carrosse tout d'or, où il fit atteler six singes verts, avec de petits harnois de maroquin couleur de feu garnis d'or; il alla ensuite chez Brioché, fameux joueur de marionnettes, il y trouva deux singes de mérite : le plus spirituel s'appeloit Briscambille, et l'autre Perceforêt, qui étoient très galans et bien élevés : il habilla Briscambille en roi, et le mit dans le carrosse; Perceforêt servoit de cocher, les autres singes étoient vêtus en pages; jamais rien n'a été plus gracieux. Il mit le carrosse et les singes bottés dans le même sac ; et, comme la princesse n'étoit pas encore couchée, elle entendit dans sa galerie le bruit du petit carrosse, et ses nymphes vinrent lui conter l'arrivée du roi des Nains. En même temps le carrosse entra dans sa chambre avec le cortège singenois; et les singes de campagne ne laissoient pas de faire des tours de passe-passe, qui valoient bien ceux de Briscambille et de Perceforêt. Pour dire la vérité, Lutin conduisoit toute la machine : il tira le magot du petit carrosse d'or, lequel tenoit une boîte couverte de diamans, qu'il présenta de fort bonne grâce à la princesse. Elle l'ouvrit promptement, et trouva dedans un billet où elle lut ces vers :

>   Que de beautés ! que d'agrément !
> Palais délicieux, que vous êtes charmant !
>   Mais vous ne l'êtes pas encore
>   Autant que celle que j'adore.
>   Bienheureuse tranquillité
>   Qui régnez dans ce lieu champêtre,
>   Je perds chez vous ma liberté,
> Sans oser en parler ni me faire connoître !

Il est aisé de juger de sa surprise : Briscambille fit signe à Perceforêt de venir danser avec lui.

Tous les fagotins si renommés n'approchent en rien de l'habileté de ceux-ci. Mais la princesse, inquiète de ne pouvoir deviner d'où venoient ces vers, congédia les baladins plus tôt qu'elle n'auroit fait, quoiqu'ils la divertissent infiniment, et qu'elle eût fait d'abord des éclats de rire à s'en trouver mal. Enfin elle s'abandonna tout entière à ses réflexions sans qu'elle pût démêler un mystère si caché.

Léandre, content de l'attention avec laquelle ses vers avoient été lus, et du plaisir que la princesse avoit pris à voir les singes, ne songea qu'à prendre un peu de repos, car il en avoit un grand besoin ; mais il craignoit de choisir un appartement occupé par quelqu'une des nymphes de la princesse. Il demeura quelque temps dans la grande galerie du palais, ensuite il descendit. Il trouva une porte ouverte ; il entra sans bruit dans un appartement bas, le plus beau et le plus agréable que l'on ait jamais vu : il y avoit un lit de gaze or et vert, relevé en festons avec des cordons de perles et des glands de rubis et d'émeraudes. Il faisoit déjà assez de jour pour pouvoir admirer l'extraordinaire magnificence de ce meuble. Après avoir bien fermé la porte, il s'endormit ; mais le souvenir de sa belle princesse le réveilla plusieurs fois, et il ne put s'empêcher de pousser d'amoureux soupirs vers elle.

Il se leva de si bonne heure qu'il eut le temps de s'impatienter jusqu'au moment qu'il pouvoit la voir ; et, regardant de tous côtés, il aperçut une toile préparée et des couleurs ; il se souvint en même temps de ce que sa princesse avoit dit à Abricotine sur son portrait ; et, sans perdre un moment (car il peignoit mieux que les plus excellens maîtres), il s'assit devant un grand miroir, et fit son portrait ; il peignit dans un ovale celui de la princesse, l'ayant si vivement dans son imagination qu'il n'avoit pas besoin de la voir pour cette première ébauche ; il perfectionna ensuite l'ouvrage sur elle sans qu'elle s'en aperçût. Et, comme c'étoit l'envie de lui plaire qui le faisoit travailler, jamais portrait n'a été mieux fini ; il s'étoit peint un genou en terre, soutenant le portrait de la princesse d'une main, et de l'autre un rouleau où il y avoit écrit :

Elle est mieux dans mon cœur.

Lorsqu'elle entra dans son cabinet, elle fut étonnée d'y voir le portrait d'un homme ; elle y attacha ses yeux avec une surprise d'autant plus grande qu'elle y reconnut aussi le sien, et que les paroles qui étoient écrites sur le rouleau lui donnoient une ample matière de curiosité et de rêverie : elle étoit seule dans ce moment, elle ne pouvoit que juger d'une aventure si extraordinaire ; mais elle se persuadoit que c'étoit Abricotine qui lui avoit fait cette galanterie : il ne lui restoit qu'à savoir si le portrait de ce cavalier étoit l'effet de son imagination, ou s'il avoit un original; elle se leva brusquement, et courut appeler Abricotine. Lutin étoit déjà avec le petit chapeau rouge dans le cabinet, fort curieux d'entendre ce qui s'alloit passer.

La princesse dit à Abricotine de jeter les yeux sur cette peinture, et de lui en dire son sentiment. Dès qu'elle l'eut regardée, elle s'écria : « Je vous proteste, Madame, que c'est le portrait de ce généreux étranger auquel je dois la vie. Oui, c'est lui, je n'en puis douter; voilà ses traits, sa taille, ses cheveux et son air. — Tu feins d'être surprise, dit la princesse en souriant, mais c'est toi qui l'as mis ici. — Moi, Madame! reprit Abricotine, je vous jure que je n'ai vu de ma vie ce tableau; serois-je assez hardie pour vous cacher une chose qui vous intéresse? Et par quel miracle seroit-il entre mes mains? Je ne sais point peindre, il n'a jamais entré d'homme dans ces lieux; le voilà cependant peint avec vous. — Je suis saisie de peur, dit la princesse; il faut que quelque démon l'ait apporté. — Madame, dit Abricotine, ne seroit-ce point l'Amour? Si vous le croyez comme moi, j'ose vous donner un conseil : brûlons-le tout à l'heure. — Quel dommage! dit la princesse en soupirant; il me semble que mon cabinet ne peut être mieux orné que par ce tableau. » Elle le regardoit en disant ces mots. Mais Abricotine s'opiniâtra à soutenir qu'elle devoit brûler une chose qui ne pouvoit être venue là que par un pouvoir magique. « Et ces paroles :

> Elle est mieux dans mon cœur,

dit la princesse, les brûlerons-nous aussi? — Il ne faut faire grâce à rien, répondit Abricotine, pas même à votre portrait. »

Elle courut sur-le-champ querir du feu. La princesse s'approcha d'une fenêtre, ne pouvant plus regarder un portrait qui faisoit tant d'impression sur son cœur; mais, Lutin ne voulant pas souffrir qu'on le brûlât, il profita de ce moment pour le prendre et pour se sauver sans qu'elle s'en aperçût. Il étoit à peine sorti de son cabinet qu'elle se tourna pour voir encore ce portrait enchanteur qui lui plaisoit si fort. Quelle fut sa surprise de ne le trouver plus! Elle cherche de tous côtés. Abricotine rentre; elle lui demande si c'est elle qui vient de l'ôter. Elle l'assure que non; et cette dernière aventure achève de les effrayer.

Aussitôt il cacha le portrait et revint sur ses pas; il avoit un extrême plaisir d'entendre et de voir si souvent sa belle princesse; il mangeoit tous les jours à sa table avec Chat bleu qui n'en faisoit pas meilleure chère : cependant il manquoit beaucoup à la satisfaction de Lutin, puisqu'il n'osoit ni parler, ni se faire voir ; et il est rare qu'un invisible se fasse aimer.

La princesse avoit un goût universel pour les belles choses ; dans la situation où étoit son cœur, elle avoit besoin d'amusement. Comme elle étoit un jour avec toutes ses nymphes, elle leur dit qu'elle auroit un grand plaisir de savoir comment les dames étoient vêtues dans les différentes cours de l'univers, afin de s'habiller de la manière la plus galante. Il n'en fallut pas davantage pour déterminer Lutin à courir l'univers : il enfonce son petit chapeau rouge, et se souhaite en la Chine ; il achète là les plus belles étoffes, et prend un modèle d'habits ; il vole à Siam où il en use de même ; il parcourt toutes les quatre parties du monde en trois jours : à mesure qu'il étoit chargé il venoit au Palais de Plaisirs tranquilles cacher dans une chambre tout ce qu'il apportoit. Quand il eut ainsi rassemblé un nombre de raretés infinies (car l'argent ne lui coûtoit rien, et sa rose en fournissoit sans cesse), il fut acheter cinq ou six douzaines de poupées qu'il fit habiller à Paris ; c'est l'endroit du monde où les modes ont le plus de cours. Il y en avoit de toutes les manières, et d'une magnificence sans pareille. Lutin les arrangea dans le cabinet de la princesse.

Lorsqu'elle y entra, l'on n'a jamais été plus

agréablement surpris : chacune tenoit un présent, soit montres, bracelets, boutons de diamans, colliers ; la plus apparente avoit une boîte de portrait. La princesse l'ouvrit, et trouva celui de Léandre ; l'idée qu'elle conservoit du premier lui fit reconnoître le second. Elle fit un grand cri ; puis, regardant Abricotine, elle lui dit : « Je ne sais que comprendre à tout ce qui se passe depuis quelque temps dans ce palais : mes oiseaux y sont pleins d'esprit ; il semble que je n'aie qu'à former des souhaits pour être obéie : je vois deux fois le portrait de celui qui t'a sauvée de la main des voleurs ; voilà des étoffes, des diamans, des broderies, des dentelles et des raretés infinies. Quelle est donc la fée, quel est donc le démon qui prend soin de me rendre de si agréables services ? » Léandre, l'entendant parler, écrivit ces mots sur ses tablettes et les jeta aux pieds de la princesse :

> Non, je ne suis démon ni fée,
> Je suis un amant malheureux
> Qui n'ose paroître à vos yeux :
> Plaignez du moins ma destinée.
>
> Le prince Lutin.

Les tablettes étoient si brillantes d'or et de pierreries qu'aussitôt elle les aperçut ; elle les ouvrit et lut ce que Lutin avoit écrit, avec le dernier étonnement. « Cet invisible est donc un monstre, disoit-elle, puisqu'il n'ose se montrer. Mais, s'il étoit vrai qu'il eût quelque attachement pour moi, il n'auroit guère de délicatesse de me présenter un portrait si touchant; il faut qu'il ne m'aime point, d'exposer mon cœur à cette épreuve, ou qu'il ait bonne opinion de lui-même, de se croire encore plus aimable. — J'ai entendu dire, Madame, répliqua Abricotine, que les lutins sont composés d'air et de feu, qu'ils n'ont point de corps, et que c'est seulement leur esprit et leur volonté qui agit. — J'en suis très aise, répliqua la princesse; un tel amant ne peut guère troubler le repos de ma vie. »

Léandre étoit ravi de l'entendre et de la voir si occupée de son portrait : il se souvint qu'il y avoit dans une grotte où elle alloit souvent un piédestal sur lequel on devoit poser une Diane qui n'étoit pas encore finie; il s'y plaça avec un habit extraordinaire, couronné de lauriers, et tenant une lyre à la main, dont il jouoit mieux qu'Apollon. Il attendoit impatiemment que sa princesse s'y rendît, comme elle faisoit tous les jours. C'étoit le lieu où elle venoit rêver à l'inconnu. Ce que lui en avoit dit Abricotine, joint au plaisir qu'elle avoit à regarder le portrait de Léandre, ne lui laissoit plus guère de repos : elle aimoit la solitude, et son humeur enjouée avoit si fort changé que ses nymphes ne la reconnoissoient plus.

Lorsqu'elle entra dans la grotte, elle fit signe

qu'on ne la suivît pas ; ses nymphes s'éloignèrent chacune dans des allées séparées. Elle se jeta sur un lit de gazon; elle soupira, elle répandit quelques larmes, elle parla même; mais c'étoit si bas que Lutin ne put l'entendre : il avoit mis le petit chapeau rouge pour qu'elle ne le vît pas d'abord ; ensuite il l'ôta, elle l'aperçut avec une surprise extrême; elle s'imagina que c'étoit une statue, car il affectoit de ne point sortir de l'attitude qu'il avoit choisie ; elle le regardoit avec une joie mêlée de crainte. Cette vision si peu attendue l'étonnoit; mais au fond le plaisir chassoit la peur, et elle s'accoutumoit à voir une figure si approchante du naturel, lorsque le prince, accordant sa lyre à sa voix, chanta ces paroles :

> Que ce séjour est dangereux !
> Le plus indifférent y deviendroit sensible.
> En vain j'ai prétendu n'être plus amoureux,
> J'en perds ici l'espoir : la chose est impossible !
> Pourquoi dit-on que ce palais
> Est le lieu des plaisirs tranquilles?
> J'y perds ma liberté sitôt que j'y parois,
> Et, pour m'en garantir, mes soins sont inutiles.
> Je cède à mon ardent amour,
> Et voudrois être ici jusqu'à mon dernier jour.

Quelque charmante que fût la voix de Léandre, la princesse ne put résister à la frayeur qui la saisit, elle pâlit tout d'un coup et tomba évanouie. Lutin, alarmé, sauta du piédestal à terre, et remit son petit chapeau rouge pour n'être vu de personne. Il prit la princesse entre ses bras, il la secourut avec un zèle et une ardeur sans pareils : elle ouvrit ses beaux yeux, elle regarda de tous côtés comme pour le chercher, elle n'aperçut personne; mais elle sentit quelqu'un auprès d'elle qui lui prenoit les mains, qui les baisoit, qui les mouilloit de larmes; elle fut longtemps sans oser parler, son esprit agité flottoit entre la crainte et l'espérance; elle craignoit Lutin, mais elle l'aimoit quand il prenoit la figure de l'inconnu. Enfin elle s'écria : « Lutin, galant Lutin, que n'êtes-vous celui que je souhaite! » A ces mots, Lutin alloit se déclarer, mais il n'osa encore le faire. « Si j'effraye l'objet que j'adore, disoit-il, si elle me craint, elle ne voudra point m'aimer. » Ces considérations le firent taire, et l'obligèrent de se retirer dans un coin de la grotte.

La princesse, croyant être seule, appela Abricotine et lui conta les merveilles de la statue animée; que sa voix étoit céleste, et que, dans son évanouissement, Lutin l'avoit fort bien secourue. « Quel dommage, disoit-elle, que ce Lutin soit difforme et affreux! car se peut-il des manières plus gracieuses et plus aimables que les siennes? — Et qui vous a dit, Madame, répliqua Abricotine, qu'il soit tel que vous vous le figurez? Psyché ne croyoit-elle pas que l'Amour étoit un serpent?

Votre aventure a quelque chose de semblable à la sienne, vous n'êtes pas moins belle. Si c'étoit Cupidon qui vous aimât, ne l'aimeriez-vous point ? — Si Cupidon et l'inconnu sont la même chose, dit la princesse en rougissant, hélas ! je veux bien aimer Cupidon ! Mais que je suis éloignée d'un pareil bonheur ! Je m'attache à une chimère, et ce portrait fatal de l'inconnu, joint à ce que tu m'en as dit, me jettent dans des dispositions si opposées aux préceptes que j'ai reçus de ma mère que je ne peux trop craindre d'en être punie. — Eh ! Madame, dit Abricotine en l'interrompant, n'avez-vous pas déjà assez de peines ? pourquoi prévoir des malheurs qui n'arriveront jamais ? » Il est aisé de s'imaginer tout le plaisir que cette conversation fit à Léandre.

Cependant le petit Furibon, toujours amoureux de la princesse sans l'avoir vue, attendoit impatiemment le retour de ces quatre hommes qu'il avoit envoyés à l'île des Plaisirs tranquilles ; il en revint un, qui lui rendit compte de tout. Il lui dit qu'elle étoit défendue par des amazones, et qu'à moins de mener une grosse armée, il n'entreroit jamais dans l'île.

Le roi son père venoit de mourir, il se trouva maître de tout. Il assembla plus de quatre cent mille hommes, et partit à leur tête. C'étoit là un beau général ; Briscambille ou Percefoiêt auroient mieux fait que lui : son cheval de bataille n'avoit pas une demi-aune de haut. Quand les amazones aperçurent cette grande armée, elles en vinrent donner avis à la princesse, qui ne manqua pas d'envoyer la fidèle Abricotine au royaume des fées, pour prier sa mère de lui mander ce qu'elle devoit faire pour chasser le petit Furibon de ses États. Mais Abricotine trouva la fée fort en colère : « Je n'ignore rien de ce que fait ma fille, lui dit-elle ; le prince Léandre est dans son palais ; il l'aime, il en est aimé. Tous mes soins n'ont pu la garantir de la tyrannie de l'amour ; la voilà sous son fatal empire. Hélas ! le cruel n'est pas content des maux qu'il m'a faits ; il exerce encore son pouvoir sur ce que j'aimois plus que ma vie ! Tels sont les décrets du Destin, je ne puis m'y opposer. Retirez-vous, Abricotine, je ne veux plus entendre parler de cette fille dont les sentimens me donnent tant de chagrin ! »

Abricotine vint apprendre à la princesse ces mauvaises nouvelles ; il ne s'en fallut presque rien qu'elle ne se désespérât. Lutin étoit auprès d'elle sans qu'elle le vît : il connoissoit avec une peine extrême l'excès de sa douleur. Il n'osa lui parler dans ce moment ; mais il se souvint que Furibon étoit fort intéressé, et qu'en lui donnant bien de l'argent peut-être qu'il se retireroit.

Il s'habilla en amazone, il se souhaita dans la forêt pour reprendre son cheval. Dès qu'il l'eut appelé : « Gris-de-lin ! » Gris-de-lin vint à lui, sautant et bondissant : car il s'étoit bien ennuyé d'être si longtemps éloigné de son cher maître. Mais, quand il le vit vêtu en femme, il ne le reconnoissoit plus, et craignoit d'être trompé. Léandre arriva au camp de Furibon ; tout le monde le prit pour une amazone, tant il étoit beau. On fut dire au roi qu'une jeune dame demandoit à lui parler de la part de la princesse des Plaisirs tranquilles. Il prit promptement son manteau royal et se mit sur son trône ; l'on eût dit que c'étoit un gros crapaud qui contrefaisoit le roi.

Léandre le harangua, et lui dit que, la princesse préférant une vie douce et paisible aux embarras de la guerre, elle lui envoyoit offrir de l'argent autant qu'il en voudroit, pour qu'il la laissât en paix ; qu'à la vérité, s'il refusoit cette proposition, elle ne négligeroit rien pour se défendre. Furibon répliqua qu'il vouloit bien avoir pitié d'elle ; qu'il lui accordoit l'honneur de sa protection, et qu'elle n'avoit qu'à lui envoyer cent mille mille mille millions de pistoles, qu'aussitôt il retourneroit dans son royaume. Léandre dit que l'on seroit trop longtemps à compter cent mille mille mille millions de pistoles, qu'il n'avoit qu'à dire combien il en vouloit de chambres pleines, et que la princesse étoit assez généreuse et assez puissante pour n'y pas regarder de si près. Furibon demeura bien étonné qu'au lieu de lui demander à rabattre, on lui proposât d'augmenter; il pensa en lui-même qu'il falloit prendre tout l'argent qu'il pourroit, puis arrêter l'amazone et la tuer pour qu'elle ne retournât point vers sa maîtresse.

Il dit à Léandre qu'il vouloit trente chambres bien grandes toutes remplies de pièces d'or, et qu'il donnoit sa parole royale qu'il s'en retourneroit. Léandre fut conduit dans les chambres qu'il devoit remplir d'or; il prit la rose et la secoua, la secoua tant et tant qu'il en tomba pistoles, quadruples, louis, écus d'or, nobles à la rose, souverains, guinées, sequins; cela tomboit comme une grosse pluie : il y a peu de chose dans le monde qui soit plus joli.

Furibon se ravissoit, s'extasioit, et plus il voyoit d'or, plus il avoit d'envie de prendre l'amazone et d'attraper la princesse. Dès que les trente chambres furent pleines, il cria à ses gardes : « Arrêtez, arrêtez cette friponne, c'est de la fausse monnoie qu'elle m'apporte. » Tous les gardes se voulurent jeter sur l'amazone, mais en même temps le petit chapeau rouge fut mis, et Lutin disparut. Ils crurent qu'il étoit sorti, ils coururent après lui et laissèrent Furibon seul. Dans ce moment Lutin le prit par les cheveux, et lui coupa la tête comme à un poulet, sans que le petit malheureux roi vît la main qui l'égorgeoit.

Quand Lutin eut sa tête, il se souhaita dans le palais des Plaisirs. La princesse se promenoit, rêvant tristement à ce que sa mère lui avoit mandé, et aux moyens de repousser Furibon, qu'elle imaginoit difficiles, étant seule avec un petit nombre d'amazones, qui ne pourroient la défendre contre quatre cent mille hommes ; elle vit tout d'un coup une tête en l'air, sans que personne la tînt. Ce prodige l'étonna si fort qu'elle ne savoit qu'en penser. Ce fut bien pis quand on posa cette tête à ses pieds, sans qu'elle vît la main qui la tenoit. Aussitôt elle entendit une voix qui lui dit : *Ne craignez plus, charmante princesse, Furibon ne vous fera jamais de mal.*

Abricotine reconnut la voix de Léandre, et s'écria : « Je vous proteste, Madame, que l'invisible qui parle est l'étranger qui m'a secourue. » La princesse parut étonnée et ravie. « Ah ! dit-elle, s'il est vrai que Lutin et l'étranger soient une même chose, j'avoue que j'aurois bien du plaisir de lui témoigner ma reconnoissance ! » Lutin repartit : « Je veux encore travailler à la mériter. » En effet, il retourna à l'armée de Furibon, où le bruit de sa mort venoit de se répandre. Dès qu'il y parut avec ses habits ordinaires, chacun vint à lui ; les capitaines et les soldats l'environnèrent, poussant de grands cris de joie : ils le reconnurent pour leur roi, et que la couronne lui appartenoit.

Il leur donna libéralement à partager entre eux les trente chambres pleines d'or, de manière que cette armée fut riche à jamais. Et, après quelques cérémonies qui assuroient Léandre de la foi des soldats, il retourna encore vers sa princesse, ordonnant à son armée de s'en aller à petites journées dans son royaume. La princesse s'étoit couchée, et le profond respect que ce prince avoit pour elle l'empêcha d'entrer dans sa chambre; il se retira dans la sienne, car il avoit toujours couché en bas. Il étoit lui-même assez fatigué pour avoir besoin de repos; cela fit qu'il ne pensa point à fermer la porte aussi soigneusement qu'il le faisoit d'ordinaire.

La princesse mouroit de chaud et d'inquiétude; elle se leva plus matin que l'aurore, et descendit en déshabillé dans son appartement bas. Mais quelle surprise fut la sienne, d'y trouver Léandre endormi sur un lit! Elle eut tout le temps de le regarder sans être vue, et de se convaincre que c'étoit la personne dont elle avoit le portrait dans sa boîte de diamans. « Il n'est pas possible, disoit-elle, que ce soit ici Lutin, car les lutins dorment-ils? Est-ce là un corps d'air et de feu, qui ne remplit aucun espace, comme le dit Abricotine? » Elle touchoit doucement ses cheveux, elle l'écoutoit respirer, elle ne pouvoit s'arracher d'auprès de lui; tantôt elle étoit ravie de l'avoir trouvé, tantôt elle en étoit alarmée. Dans le temps qu'elle étoit le plus attentive à le regarder, sa mère la fée entra, avec un bruit si épouvantable que Léandre s'eveilla en sursaut. Quelle surprise et quelle affliction pour lui de voir sa princesse dans le dernier désespoir! Sa mère l'entraînoit, la chargeant de mille reproches. Oh! quelle douleur pour ces jeunes amans! ils se trouvoient sur le point d'être séparés pour jamais. La princesse n'osoit rien dire à la terrible fée ; elle jetoit les yeux sur Léandre, comme pour lui demander quelque secours.

Il jugea bien qu'il ne pouvoit pas la retenir malgré une personne si puissante, mais il chercha dans son éloquence et dans sa soumission les moyens de toucher cette mère irritée. Il courut après elle, il se jeta à ses pieds, il la conjura d'avoir pitié d'un jeune roi qui ne changeroit jamais pour sa fille, et qui feroit sa souveraine félicité de la rendre heureuse. La princesse, encouragée par son exemple, embrassa aussitôt les genoux de sa mère, et lui dit que sans le roi elle ne pouvoit être contente, et qu'elle lui avoit de grandes obligations. « Vous ne connoissez pas les disgrâces de l'amour, s'écria la fée, et les trahisons dont ces aimables trompeurs sont capables ; ils ne nous enchantent que pour nous empoisonner ; je l'ai éprouvé. Voulez-vous avoir une destinée semblable à la mienne? — Ah! Madame, répliqua la princesse, n'y a-t-il point d'exception? Les assurances que le roi vous donne, et qui paroissent si sincères, ne semblent-elles pas me mettre à couvert de ce que vous craignez? »

L'opiniâtre fée les laissoit soupirer à ses pieds; c'étoit inutilement qu'ils mouilloient ses mains de leurs larmes, elle y paroissoit insensible; et sans doute elle ne leur auroit point pardonné, si l'aimable fée Gentille n'eût paru dans la chambre, plus brillante que le soleil. Les Grâces l'accompagnoient; elle étoit suivie d'une troupe d'Amours, de Jeux et de Plaisirs, qui chantoient mille chansons agréables et nouvelles; ils folâtroient comme des enfans.

Elle embrassa la vieille fée. « Ma chère sœur, lui dit-elle, je suis persuadée que vous n'avez pas oublié les bons offices que je vous rendis lorsque vous voulûtes revenir dans notre royaume; sans moi vous n'y auriez jamais été reçue, et depuis ce temps-là je ne vous ai demandé aucun service; mais enfin le temps est venu de m'en rendre un essentiel. Pardonnez à cette belle princesse, consentez que ce jeune roi l'épouse, je vous réponds qu'il ne changera point pour elle. Leurs jours seront filés d'or et de soie; cette alliance vous comblera de satisfaction, et je n'oublierai jamais le plaisir que vous m'aurez fait. — Je consens à tout ce que vous souhaitez, charmante Gentille, s'écria la fée.

Venez, mes enfans, venez entre mes bras recevoir l'assurance de mon amitié. » A ces mots elle embrassa la princesse et son amant. La fée Gentille, ravie de joie, et toute la troupe, commencèrent les chants d'hyménée ; et, la douceur de cette symphonie ayant éveillé toutes les nymphes du palais, elles accoururent avec de légères robes de gaze pour apprendre ce qui se passoit.

Quelle agréable surprise pour Abricotine ! Elle eut à peine jeté les yeux sur Léandre qu'elle le reconnut, et, lui voyant tenir la main de la princesse, elle ne douta point de leur commun bonheur. C'est ce qui lui fut confirmé lorsque la mère fée dit qu'elle vouloit transporter l'île des Plaisirs tranquilles, le château et toutes les merveilles qu'il renfermoit, dans le royaume de Léandre ; qu'elle y demeureroit avec eux, et qu'elle leur feroit encore de plus grands biens. « Quelque chose que votre générosité vous inspire, Madame, lui dit le roi, il est impossible que vous puissiez me faire un présent qui égale celui que je reçois aujourd'hui ; vous me rendez le plus heureux de tous les hommes, et je sens bien que j'en suis aussi le plus reconnoissant. » Ce petit compliment plut fort à la fée : elle étoit du vieux temps, où l'on complimentoit tout un jour sur le pied d'une mouche

Comme Gentille pensoit à tout, elle avoit fait transporter, par la vertu de Brelic-breloc, les généraux et les capitaines de l'armée de Furibon au palais de la princesse, afin qu'ils fussent témoins de la galante fête qui alloit se passer. Elle en prit soin en effet, et cinq ou six volumes ne suffiroient point pour décrire les comédies, les opéras, les courses de bagues, les musiques, les combats de gladiateurs, les chasses et les autres magnificences qu'il y eut à ces charmantes noces. Le plus singulier de l'aventure, c'est que chaque nymphe trouva parmi les braves que Gentille avoit attirés dans ces beaux lieux un époux aussi passionné que s'ils s'étoient vus depuis dix ans. Ce n'étoit néanmoins qu'une connoissance au plus de vingt-quatre heures; mais la petite baguette produit des effets encore plus extraordinaires.

>Qu'est devenu cet heureux temps
>Où, par le pouvoir d'une fée,
>L'innocence étoit délivrée
>Des périls les plus évidens?
>Par le secours puissant d'un chapeau, d'une rose,
>On voyoit arriver mainte métamorphose :
>Voyant tout, et sans être vu,
>Un mortel parcouroit le monde,
>Et trouvoit dans les airs un chemin inconnu.
>Léandre possédoit une rose féconde
>Qui versoit dans ses mains, au gré de ses desirs,
>Ce métal précieux d'où naissent les plaisirs.
>Par le pouvoir d'une seconde,
>D'une santé parfaite il goûtoit la douceur.
>La troisième, à mon sens, étoit moins désirable :
>D'un objet qu'il aimoit il découvroit le cœur.
>Il savoit s'il brûloit d'une ardeur véritable,

Ou si c'étoit un feu trompeur.
Hélas! sur le fait des maîtresses,
Heureux qui peut être ignorant!
Telle vous comble de caresses,
Qui n'a qu'un amour apparent.

LA PRINCESSE ROSETTE

Il étoit une fois un roi et une reine qui avoient deux beaux garçons : ils croissoient comme le jour, tant ils se faisoient bien nourrir. La reine n'avoit jamais d'enfans qu'elle n'envoyât convier les fées à leur naissance; elle les prioit toujours de lui dire ce qui leur devoit arriver.

Elle devint grosse, et fit une belle petite fille, qui étoit si jolie qu'on ne la pouvoit voir sans l'aimer. La reine ayant bien régalé toutes les fées qui étoient venues la voir, quand elles furent prêtes à s'en aller, elle leur dit : « N'oubliez pas votre bonne coutume, et dites-moi ce qui arrivera à Rosette » (c'est ainsi que l'on appeloit la petite princesse). Les fées lui dirent qu'elles avoient oublié leur grimoire à la maison, qu'elles reviendroient une autre fois la voir. « Ah ! dit la reine, cela ne m'annonce rien de bon, vous ne voulez pas m'affliger par une mauvaise prédiction ; mais, je vous prie, que je sache tout, ne me cachez rien. » Elles s'en excusoient bien fort ; et la reine avoit encore bien plus d'envie de savoir ce que c'étoit. Enfin, la principale lui dit : « Nous craignons, Madame, que Rosette ne cause un grand malheur à ses frères ; qu'ils ne meurent dans quelque affaire pour elle. Voilà tout ce que nous pouvons deviner sur cette belle petite fille ; nous sommes bien fâchées de n'avoir pas de meilleures nouvelles à vous apprendre. » Elles s'en allèrent, et la reine resta si triste, si triste, que le roi le connut à sa mine. Il lui demanda ce qu'elle avoit. Elle répondit qu'elle s'étoit approchée trop près du feu, et qu'elle avoit brûlé tout le lin qui étoit sur sa quenouille. « N'est-ce que cela? » dit le roi. Il monta dans son grenier et lui apporta plus de lin qu'elle n'en pouvoit filer en cent ans.

La reine continua d'être triste : il lui demanda ce qu'elle avoit. Elle lui dit qu'étant au bord de la rivière, elle avoit laissé tomber dedans sa pantoufle de satin vert. « N'est-ce que cela ? » dit le roi. Il envoya querir tous les cordonniers de son royaume, et lui apporta dix mille pantoufles de satin vert.

Elle continua d'être triste ; il lui demanda ce qu'elle avoit. Elle lui dit qu'en mangeant de trop bon appétit, elle avoit avalé sa bague de noce, qui étoit à son doigt. Le roi connut qu'elle étoit menteuse, car il avoit serré cette bague, et il lui dit : « Ma chère femme, vous mentez ; voilà votre bague que j'ai serrée dans ma bourse. » Dame, elle fut bien attrapée d'être prise à mentir (car c'est la chose la plus laide du monde), et elle vit que le roi boudoit ; c'est pourquoi elle lui dit ce que les fées avoient prédit de la petite Rosette, et que, s'il songeoit quelque bon remède, il le dît. Le roi s'attrista beaucoup ; jusque-là qu'il dit une fois à la reine : « Je ne sais point d'autre moyen de sauver nos deux fils qu'en faisant mourir la petite pendant qu'elle est au maillot. » Mais la reine s'écria qu'elle souffriroit plutôt la mort elle-même ; qu'elle ne consentiroit point à une si grande cruauté, et qu'il pensât à une autre chose.

Comme le roi et la reine n'avoient que cela dans l'esprit, on apprit à la reine qu'il y avoit dans un grand bois proche de la ville un vieil ermite qui couchoit dans le tronc d'un arbre, que l'on alloit consulter de partout. Elle dit : « Il faut que j'y aille aussi ; les fées m'ont dit le mal, mais elles ont oublié le remède. » Elle monta de bon matin sur une belle petite mule blanche toute ferrée d'or, avec deux de ses demoiselles, qui avoient chacune un joli cheval. Quand elles furent auprès du bois, la reine et ses demoiselles descendirent par respect de cheval, et furent à l'arbre où l'ermite demeuroit. Il n'aimoit guère à voir des femmes, mais, quand il vit que c'étoit la reine, il lui dit : « Vous, soyez la bienvenue ; que me voulez-vous ? » Elle lui conta ce que les fées avoient dit de Rosette, et lui demanda conseil. Il lui dit qu'il falloit mettre la princesse dans une tour, sans qu'elle en sortît jamais. La reine le remercia, lui fit une bonne aumône, et revint tout dire au roi.

Quand le roi sut ces nouvelles, il fit vitement bâtir une grosse tour. Il y mit sa fille, et, pour qu'elle ne s'ennuyât point, le roi, la reine et les deux frères l'alloient voir tous les jours. L'aîné s'appeloit le grand Prince, et le cadet le petit Prince. Ils aimoient leur sœur passionnément, car elle étoit la plus belle et la plus gracieuse que l'on eût jamais vue, et le moindre de ses regards valoit mieux que cent pistoles. Quand elle eut quinze ans, le grand Prince disoit au roi : « Mon papa, ma sœur est assez grande pour être mariée ; n'irons-nous pas bientôt à la noce ? » Le petit Prince en disoit autant à la reine, et Leurs Majestés les amusoient sans rien répondre sur le mariage.

Enfin le roi et la reine tombèrent bien malades, et moururent presque en un même jour. Voilà tout le monde fort triste ; l'on s'habille de noir, et l'on sonne les cloches partout. Rosette étoit inconsolable de la mort de sa bonne maman.

Quand le roi et la reine eurent été enterrés, les marquis et les ducs du royaume firent monter le grand Prince sur un trône d'or et de diamans, avec une belle couronne sur sa tête, et des habits de velours violet, chamarrés de soleils et de lunes; et puis toute la cour cria trois fois : « Vive le roi! » L'on ne songea plus qu'à se réjouir.

Le roi et son frère s'entre-dirent : « A présent que nous sommes les maîtres, il faut retirer notre sœur de la tour, où elle s'ennuie depuis longtemps. » Ils n'eurent qu'à traverser le jardin pour aller à la tour, qui étoit bâtie au coin, toute la plus haute que l'on avoit pu : car le roi et la reine défunts vouloient qu'elle y demeurât toujours. Rosette brodoit une belle robe sur un métier qui étoit là devant elle; mais, quand elle vit ses frères, elle se leva, et fut prendre la main du roi, lui disant : « Bonjour, Sire, vous êtes à présent le roi, et moi votre petite servante; je vous prie de me retirer de la tour où je m'ennuie bien fort »; et là-dessus elle se mit à pleurer. Le roi l'embrassa et lui dit de ne point pleurer, qu'il venoit pour l'ôter de la tour, et la mener dans un beau château. Le prince avoit tout plein ses pochettes de dragées, qu'il donna à Rosette. « Allons, lui dit-il, sortons de cette vilaine tour, le roi te mariera bientôt, ne t'afflige point. »

Quand Rosette vit le beau jardin tout rempli

de fleurs, de fruits, de fontaines, elle demeura si étonnée qu'elle ne pouvoit pas dire un mot, car elle n'avoit encore jamais rien vu. Elle regardoit de tous côtés, elle marchoit, elle s'arrêtoit, elle cueilloit des fruits sur les arbres, et des fleurs dans le parterre ; son petit chien, appelé Frétillon, qui étoit vert comme un perroquet, qui n'avoit qu'une oreille et qui dansoit à ravir, alloit devant elle, faisant jap, jap, jap, avec mille sauts et mille cabrioles.

Frétillon réjouissoit fort la compagnie ; il se mit tout d'un coup à courir dans un petit bois. La princesse le suivit, et jamais l'on n'a été plus émerveillé qu'elle le fut, de voir dans ce bois un grand paon qui faisoit la roue, et qui lui parut si beau, si beau, si beau, qu'elle n'en pouvoit retirer ses yeux. Le roi et le prince arrivèrent auprès d'elle, et lui demandèrent à quoi elle s'amusoit. Elle leur montra le paon, et leur demanda ce que c'étoit que cela. Ils lui dirent que c'étoit un oiseau dont on mangeoit quelquefois. « Quoi ! dit-elle, l'on ose tuer un si bel oiseau et le manger ? Je vous déclare que je ne me marierai jamais qu'au roi des paons, et, quand j'en serai la reine, j'empêcherai bien que l'on n'en mange. » L'on ne peut dire l'étonnement du roi. « Mais, ma sœur, lui dit-il, où voulez-vous que nous trouvions le roi des paons ? — Où il vous plaira, Sire ; mais je ne me marierai qu'à lui. »

Après avoir pris cette résolution, les deux frères l'emmenèrent à leur château, où il fallut apporter le paon et le mettre dans sa chambre (car elle l'aimoit beaucoup). Toutes les dames qui n'avoient point vu Rosette accoururent pour la saluer et lui faire la cour ; les unes lui apportoient des confitures, les autres du sucre, les autres des robes d'or, de beaux rubans, des poupées, des souliers en broderie, des perles, des diamans ; on la régaloit partout ; et elle étoit si bien apprise, si civile, baisant la main, faisant la révérence quand on lui donnoit quelque belle chose, qu'il n'y avoit ni monsieur ni madame qui ne s'en retournassent contens.

Pendant qu'elle causoit avec bonne compagnie, le roi et le prince songeoient à trouver le roi des paons, s'il y en avoit un au monde. Ils s'avisèrent qu'il falloit faire un portrait de la princesse Rosette, et ils le firent faire si beau qu'il ne lui manquoit que la parole, et lui dirent : « Puisque vous ne voulez épouser que le roi des paons, nous allons partir ensemble, et vous l'aller chercher par toute la terre. Si nous le trouvons, nous serons bien aises ; prenez soin de notre royaume, en attendant que nous revenions. »

Rosette les remercia de la peine qu'ils prenoient ; elle leur dit qu'elle gouverneroit bien le royaume, et qu'en leur absence tout son plaisir seroit de regarder le beau paon, et de faire danser Frétillon. Ils ne purent s'empêcher de pleurer en se disant adieu.

Voilà les deux princes partis, qui demandoient à tout le monde : « Ne connoissez-vous point le roi des paons ? » Chacun disoit : « Non, non. » Ils passoient et alloient encore plus loin. Comme cela ils allèrent si loin, si loin, que personne n'a jamais été si loin.

Ils arrivèrent au royaume des hannetons. il ne s'en est point encore tant vu; ils faisoient un si grand bourdonnement que le roi avoit peur de devenir sourd. Il demanda à celui de tous qui lui parut le plus raisonnable, s'il ne savoit point en quel endroit il pourroit trouver le roi des paons. « Sire, lui dit le hanneton, son royaume est à trente mille lieues d'ici; vous avez pris le plus long pour y aller. — Et comment savez-vous cela ? dit le roi. — C'est, répondit le hanneton, que nous vous connoissons bien, et que nous allons tous les ans passer deux ou trois mois dans vos jardins. » Voilà le roi et son frère qui embrassent le hanneton bras dessus, bras dessous; ils se firent grande amitié, et dînèrent ensemble; ils virent avec admiration toutes les curiosités de ce pays-là, où la plus petite feuille d'arbre vaut une pistole. Après cela, ils partirent pour achever leur voyage, et, comme ils savoient le chemin, ils ne furent pas longtemps sans arriver. Ils voyoient tous les arbres chargés de paons; et tout en étoit si rempli qu'on les entendoit crier et parler de deux lieues.

Le roi disoit à son frère : « Si le roi des paons est un paon lui-même, comment notre sœur prétend-elle l'épouser? Il faudroit être fou pour y consentir. Voyez la belle alliance qu'elle nous donneroit: des petits paoneaux pour neveux. » Le prince n'étoit pas moins en peine. « C'est là, dit-il, une malheureuse fantaisie qui lui est venue dans l'esprit, je ne sais où elle a été deviner qu'il y a dans le monde un roi des paons. »

Quand ils arrivèrent à la grande ville, ils virent qu'elle étoit pleine d'hommes et de femmes, mais qu'ils avoient des habits faits de plumes de paons, et qu'ils en mettoient partout comme une fort belle chose. Ils rencontrèrent le roi qui s'alloit promener dans un beau petit carrosse d'or et de diamans, que douze paons menoient à toute bride. Ce roi des paons étoit si beau, si beau, que le roi et le prince en furent charmés; il avoit de longs cheveux blonds et frisés, le visage blanc, une couronne de queue de paon. Quand il les vit, il jugea que, puisqu'ils avoient des habits d'une autre façon que les gens du pays, il falloit qu'ils fussent étrangers, et, pour le savoir, il arrêta son carrosse et les fit appeler.

Le roi et le prince vinrent à lui; ayant fait la

révérence, ils lui dirent : « Sire, nous venons de bien loin pour vous montrer un beau portrait » Ils tirèrent de leur valise le grand portrait de Rosette. Lorsque le roi des paons l'eut bien regardé : « Je ne peux croire, dit-il, qu'il y ait au monde une si belle fille. — Elle est encore cent fois plus belle, dit le roi. — Ah! vous vous moquez, répliqua le roi des paons. — Sire, dit le prince, voilà mon frère qui est roi comme vous, il s'appelle le Roi, et moi je me nomme le Prince; notre sœur, dont voici le portrait, est la princesse Rosette : nous vous venons demander si vous la voulez épouser; elle est belle et bien sage, et nous lui donnerons un boisseau d'écus d'or. — Oui da, dit le roi, je l'épouserai de bon cœur; elle ne manquera de rien avec moi, je l'aimerai beaucoup; mais je vous assure que je veux qu'elle soit aussi belle que son portrait, et que, s'il s'en manque la plus petite chose, je vous ferai mourir. — Eh bien, nous y consentons, dirent les deux frères de Rosette. — Vous y consentez? ajouta le roi. Allez donc en prison, et vous y tenez jusqu'à ce que la princesse soit arrivée. » Les princes le firent sans difficulté, car ils étoient bien certains que Rosette étoit plus belle que son portrait.

Lorsqu'ils furent dans la prison, le roi les envoya servir à merveille; il les alloit voir souvent, et il avoit dans son château le portrait de Rosette, dont il étoit si affolé qu'il ne dormoit ni jour ni nuit. Comme le roi et son frère étoient en prison, ils écrivirent par la poste à la princesse de faire vitement son paquet, et de venir en diligence, parce qu'enfin le roi des paons l'attendoit. Ils ne lui mandèrent pas qu'ils étoient prisonniers, de peur de l'inquiéter trop.

Quand elle reçut cette lettre, elle fut tellement transportée qu'elle en pensa mourir; elle dit à tout le monde que le roi des paons étoit trouvé, et qu'il vouloit l'épouser. On alluma des feux de joie, on tira le canon, l'on mangea des dragées et du sucre partout; l'on donna à tous ceux qui vinrent voir la princesse pendant trois jours une beurrée de confiture, du petit-métier et de l'hypocras. Après qu'elle eut fait ainsi des libéralités, elle laissa ses belles poupées à ses bonnes amies, et le royaume de son frère entre les mains des plus sages vieillards de la ville. Elle leur recommanda bien d'avoir soin de tout, de ne guère dépenser, d'amasser de l'argent pour le retour du roi; elle les pria de conserver son paon, et ne voulut mener avec elle que sa nourrice et sa sœur de lait, avec le petit chien vert Frétillon.

Elles se mirent dans un bateau sur la mer. Elles portoient le boisseau d'écus d'or, et des habits pour dix ans, à en changer deux fois par jour : elles ne faisoient que rire et chanter. La nourrice demandoit au batelier : « Approchons-nous, approchons-nous du royaume des paons ? » Il lui disoit : « Non, non. » Une autre fois elle lui demandoit : « Approchons-nous, approchons-nous ? » Il lui disoit : « Bientôt, bientôt. » Une autre fois elle lui dit : « Approchons-nous, approchons-nous ? » Il répliqua : « Oui, oui. » Et, quand il eut dit cela, elle se mit au bout du bateau, assise auprès de lui, et lui dit : « Si tu veux, tu seras riche à jamais. » Il répondit : « Je le veux bien. » Elle continua : « Si tu veux, tu gagneras de bonnes pistoles. » Il répondit : « Je ne demande pas mieux. — Eh bien, dit-elle, il faut que cette nuit, pendant que la princesse dormira, tu m'aides à la jeter dans la mer. Après qu'elle sera noyée, j'habillerai ma fille de ses beaux habits, et nous la mènerons au roi des paons, qui sera bien aise de l'épouser ; et, pour ta récompense, nous te donnerons ton plein cou chargé de diamans. »

Le batelier fut bien étonné de ce que lui proposoit la nourrice. Il lui dit que c'étoit dommage de noyer une si belle princesse, qu'elle lui faisoit pitié ; mais elle prit une bouteille de vin, et le fit tant boire qu'il ne savoit plus la refuser.

La nuit étant venue, la princesse se coucha comme elle avoit accoutumé ; son petit Frétillon étoit joliment couché au fond du lit, sans remuer ni pieds ni pattes. Rosette dormoit de toute sa force, quand la méchante nourrice, qui ne dormoit pas, s'en alla quérir le batelier. Elle le fit entrer dans la chambre de la princesse; puis, sans la réveiller, ils la prirent avec son lit de plume, son matelas, ses draps, ses couvertures; la sœur de lait aidoit de toute sa force. Ils jetèrent tout cela dans la mer, et la princesse dormoit de si bon sommeil qu'elle ne se réveilla point.

Mais ce qu'il y eut d'heureux, c'est que son lit de plume étoit fait de plumes de phénix, qui sont fort rares, et qui ont cette propriété qu'elles ne vont jamais au fond de l'eau; de sorte qu'elle nageoit dans son lit, comme si elle eût été dans un bateau. L'eau pourtant mouilloit peu à peu son lit de plume, puis le matelas, et, Rosette sentant de l'eau, elle eut peur d'avoir fait pipi au dodo et d'être grondée.

Comme elle se tournoit d'un côté sur l'autre, Frétillon s'éveilla. Il avoit le nez excellent; il sentoit les soles et les moues de si près qu'il se mit à japper, à japper tant qu'il éveilla tous les autres poissons. Ils commencèrent à nager; les gros poissons donnoient de la tête contre le lit de la princesse, qui, ne tenant à rien, tournoit et retournoit comme une pirouette. Dame, elle étoit bien étonnée! « Est-ce que notre bateau danse sur l'eau? disoit-elle. Je n'ai point accoutumé d'être si mal à mon aise que je suis cette nuit »; et toujours Frétillon qui jappoit, et qui faisoit une vie de désespéré. La méchante nourrice et le batelier l'entendoient de bien loin, et disoient : « Voilà ce petit drôle de chien qui boit avec sa maîtresse à notre santé ; dépêchons-nous d'arriver » : car ils étoient tout contre la ville du roi des paons.

Il avoit envoyé au bord de la mer cent carrosses tirés par toutes sortes de bêtes rares : il y avoit des lions, des ours, des cerfs, des loups, des chevaux, des bœufs, des ânes, des aigles, des paons ; et le carrosse où la princesse Rosette devoit se mettre étoit traîné par six singes bleus qui sautoient, qui dansoient sur la corde, qui faisoient mille tours agréables : ils avoient de beaux harnois de velours cramoisi, avec des plaques d'or. On voyoit soixante jeunes demoiselles que le roi avoit choisies pour la divertir ; elles étoient habillées de toutes sortes de couleurs, et l'or et l'argent étoient la moindre chose.

La nourrice avoit pris grand soin de parer sa fille ; elle lui mit les diamans de Rosette à la tête et partout, et sa plus belle robe. Mais elle étoit avec ses ajustemens plus laide qu'une guenon ; ses cheveux d'un noir gras, les yeux de travers, les jambes tortues, une grosse bosse au milieu du dos, de méchante humeur et maussade, qui grognoit toujours.

Quand tous les gens du roi des paons la virent

sortir du bateau, ils demeurèrent si surpris, si surpris, qu'ils ne pouvoient parler. « Qu'est-ce que cela? dit-elle. Est-ce que vous dormez? Allons, allons, que l'on m'apporte à manger; vous êtes de bonnes canailles, je vous ferai tous pendre. » A cette menace ils se disoient : « Quelle vilaine bête! Elle est aussi méchante que laide! Voilà notre roi bien marié, je ne m'étonne point; ce n'étoit pas la peine de la faire venir du bout du monde. » Elle faisoit toujours la maîtresse, et, pour moins que rien, elle donnoit des soufflets et des coups de poing à tout le monde.

Comme son équipage étoit fort grand, elle alloit doucement : elle se carroit comme une reine dans son carrosse. Mais tous les paons, qui s'étoient mis sur les arbres pour la saluer en passant, et qui avoient résolu de crier : « Vive la belle reine Rosette! » quand ils l'aperçurent si horrible, ils crioient : « Fi! fi! qu'elle est laide! » Elle enrageoit de dépit, et disoit à ses gardes : « Tuez ces coquins de paons qui me chantent injures. » Les paons s'envoloient bien vite, et se moquoient d'elle.

Le fripon de batelier, qui voyoit tout cela, disoit tout bas à la nourrice : « Commère, nous ne sommes pas bien; votre fille devroit être plus jolie. » Elle lui répondit : « Tais-toi, étourdi, tu nous porteras malheur. »

L'on fut avertir le roi que la princesse approchoit. « Eh bien, dit-il, ses frères m'ont-ils dit vrai? Est-elle plus belle que son portrait? — Sire, dit-on, c'est bien assez qu'elle soit aussi belle. — Oui-da, dit le roi, j'en serai bien content; allons la voir » : car il entendit, par le grand bruit que l'on faisoit dans la cour, qu'elle arrivoit; et il ne pouvoit rien distinguer de ce que l'on disoit, sinon : « Fi! fi! qu'elle est laide! » Il crut qu'on parloit de quelque naine ou de quelque bête qu'elle avoit peut-être amenée avec elle : car il ne pouvoit lui entrer dans l'esprit que ce fût effectivement d'elle-même.

L'on portoit le portrait de Rosette au bout d'un grand bâton, tout découvert, et le roi marchoit gravement après, avec tous ses barons et tous ses paons, puis les ambassadeurs des royaumes voisins. Le roi des paons avoit grande impatience de voir sa chère Rosette; dame, quand il l'aperçut, à peu tint qu'il ne mourût sur la place; il se mit dans la plus grande colère du monde, il déchira ses habits, il ne vouloit pas l'approcher, elle lui faisoit peur.

« Comment! dit-il, ces deux marauds que je tiens dans mes prisons ont bien de la hardiesse de s'être moqués de moi et de m'avoir proposé d'épouser une magotte comme cela; je les ferai mourir. Allons, que l'on enferme tout à l'heure cette pimbêche, sa nourrice et celui qui les amène; qu'on les mette au fond de ma grande tour. »

D'un autre côté, le roi et son frère, qui étoient prisonniers et qui savoient que leur sœur devoit arriver, s'étoient faits braves pour la recevoir. Au lieu de venir ouvrir la prison et les mettre en liberté, ainsi qu'ils l'espéroient, le geôlier vint avec des soldats, et les fit descendre dans une cave toute noire, pleine de vilaines bêtes, où ils avoient de l'eau jusqu'au cou : l'on n'a jamais été plus étonné, ni plus triste. « Hélas ! disoient-ils l'un à l'autre, voilà de tristes noces pour nous ! Qu'est-ce qui peut nous procurer un si grand malheur ? » Ils ne savoient au monde que penser, sinon qu'on vouloit les faire mourir, et ils en étoient tout à fait fâchés.

Trois jours se passèrent sans qu'ils entendissent parler de rien. Au bout de trois jours, le roi des paons vint leur dire des injures par un trou. « Vous avez pris le titre de roi et de prince, leur cria-t-il, pour m'attraper et pour m'engager à épouser votre sœur ; mais vous n'êtes tous que des gueux qui ne valez pas l'eau que vous buvez. Je vais vous donner des juges qui feront bien vite votre procès ; l'on file déjà la corde dont je vous ferai pendre. — Roi des paons, répondit le roi en colère, n'allez pas si vite dans cette affaire, car vous pourriez vous en repentir. Je suis roi comme vous, j'ai un beau royaume, des habits et des couronnes, et de bons écus ; j'y mangerois jusqu'à ma chemise. Ho, ho! que vous êtes plaisant de nous vouloir faire pendre! est-ce que nous avons volé quelque chose?»

Quand le roi l'entendit parler si résolument, il ne savoit où il en étoit, et il avoit quelquefois envie de les laisser aller avec leur sœur, sans les faire mourir; mais son confident, qui étoit un franc flatteur, l'encouragea, lui disant que, s'il ne se vengeoit, tout le monde se moqueroit de lui, et qu'on le prendroit pour un petit roitelet de quatre deniers. Il jura de ne leur point pardonner, et il commanda que l'on fît leur procès. Cela ne dura guère, il n'y eut qu'à voir le portrait de la véritable princesse Rosette auprès de celle qui étoit venue, et qui disoit l'être; de sorte qu'on les condamna d'avoir le cou coupé, comme étant menteurs, puisqu'ils avoient promis une belle princesse au roi, et qu'ils ne lui avoient donné qu'une laide paysanne.

L'on fut à la prison en grand appareil leur lire cet arrêt, et ils s'écrièrent qu'ils n'avoient point menti, que leur sœur étoit princesse, et plus belle que le jour; qu'il y avoit quelque chose là-dessous qu'ils n'entendoient pas, et qu'ils demandoient encore sept jours avant qu'on les fît mourir, que peut-être dans ce temps leur innocence seroit reconnue. Le roi des paons, qui étoit bien en colère, eut beaucoup de peine à leur accorder cette grâce, mais enfin il le voulut bien.

Pendant que toutes ces affaires se passoient à la cour, il faut dire quelque chose de la pauvre princesse Rosette. Dès qu'il fut jour, elle demeura bien étonnée, et Frétillon aussi, de se voir au milieu de la mer sans bateau et sans secours. Elle se prit à pleurer, à pleurer tant et tant qu'elle faisoit pitié à tous les poissons : elle ne savoit que faire ni que devenir. « Assurément, disoit-elle, j'ai été jetée dans la mer par l'ordre du roi des paons ; il s'est repenti de m'épouser, et, pour se défaire honnêtement de moi, il m'a fait noyer. Voilà un étrange homme ! continua-t-elle. Je l'aurois tant aimé ! Nous aurions fait si bon ménage ! » Là-dessus elle pleuroit plus fort, car elle ne pouvoit s'empêcher de l'aimer.

Elle demeura deux jours ainsi flottant d'un côté et de l'autre de la mer, mouillée jusqu'aux os, enrhumée à mourir et presque transie ; si ce n'avoit été le petit Frétillon qui lui réchauffoit un peu le cœur, elle seroit morte cent fois ; elle avoit une faim épouvantable. Elle vit des huîtres à l'écaille, elle en prit tant qu'elle en voulut, et elle en mangea : Frétillon ne les aimoit guère, il fallut pourtant bien qu'il s'en nourrît. Quand la nuit venoit, la grande peur prenoit à Rosette, et elle disoit à son chien : « Frétillon, jappe toujours, de crainte que les soles ne nous mangent. »

Il avoit jappé toute la nuit, et le lit de la princesse n'étoit pas bien loin du bord de l'eau. En ce lieu-là il y avoit un bon vieillard qui vivoit tout seul dans une petite chaumière où personne n'alloit jamais : il étoit fort pauvre, et ne se soucioit pas des biens du monde. Quand il entendit japper Frétillon, il fut tout étonné, car il ne passoit guère de chiens par là ; il crut que quelques voyageurs se seroient égarés, il sortit pour les remettre charitablement dans leur chemin. Tout d'un coup il aperçut la princesse et Frétillon qui nageoient sur la mer ; et la princesse, le voyant, lui tendit les bras et lui cria : « Bon vieillard, sauvez-moi, car je périrai ici ; il y a deux jours que je languis. »

Lorsqu'il l'entendit parler si tristement, il en eut grande pitié, et rentra dans sa maison pour prendre un long crochet. Il s'avança dans l'eau jusqu'au cou, et pensa deux ou trois fois être noyé ; enfin il tira tant, qu'il amena le lit jusqu'au bord de l'eau. Rosette et Frétillon furent bien aises d'être sur la terre ; elle remercia bien fort le bonhomme, et prit sa couverture, dont elle s'enveloppa ; puis, toute nu-pieds, elle entra dans la chaumière, où il lui alluma un petit feu de paille sèche, et tira de son coffre le plus bel habit de feu sa femme, avec des bas et des souliers, dont la princesse s'habilla. Ainsi vêtue en paysanne, elle étoit belle comme le jour, et Frétillon dansoit autour d'elle pour la divertir.

Le vieillard voyoit bien que Rosette étoit quelque grande dame : car les couvertures de son lit étoient toutes d'or et d'argent, et son matelas de satin. Il la pria de lui conter son histoire, et qu'il n'en diroit mot si elle vouloit. Elle lui apprit tout d'un bout à l'autre, pleurant bien fort : car elle croyoit toujours que c'étoit le roi des paons qui l'avoit fait noyer. « Comment ferons-nous, ma fille ? lui dit le vieillard. Vous êtes une si grande princesse, accoutumée à manger de bons morceaux, et moi, je n'ai que du pain noir et des raves ; vous allez faire méchante chère, et, si vous m'en vouliez croire, j'irois dire au roi des paons que vous êtes ici ; certainement, s'il vous avoit vue, il vous épouseroit. — Ah ! c'est un méchant, dit Rosette, il me feroit mourir ; mais, si vous avez un petit panier, il faut l'attacher au cou de mon chien, et il y aura bien du malheur s'il ne rapporte la provision. »

Le vieillard donna un panier à la princesse ; elle l'attacha au cou de Frétillon et lui dit : « Va-t'en au meilleur pot de la ville, et me rapporte ce qu'il y a dedans. » Frétillon court à la ville ; comme il n'y avoit point de meilleur pot que celui du roi, il entre dans sa cuisine, il découvre le pot, prend adroitement tout ce qui étoit dedans, et revient à la maison. Rosette lui dit : « Retourne à l'office, et prends ce qu'il y aura de meilleur. » Frétillon retourne à l'office et prend du pain blanc, du vin muscat, toutes sortes de fruits et de confitures : il étoit si chargé qu'il n'en pouvoit plus.

Quand le roi des paons voulut dîner, il n'y avoit rien dans son pot ni dans son office; chacun se regardoit, et le roi étoit dans une colère horrible. « Oh bien, dit-il, je ne dînerai donc point ; mais que ce soir on mette la broche au feu, et que j'aie de bons rôts. » Le soir étant venu, la princesse dit à Frétillon : « Va-t'en à la ville, entre dans la meilleure cuisine, et m'apporte de bon rôt. » Frétillon fit comme sa maîtresse lui avoit commandé, et, ne sachant point de meilleure cuisine que celle du roi, il y entra tout doucement, pendant que les cuisiniers avoient le dos tourné ; il prit tout le rôt qui étoit à la broche, d'une mine excellente et, à voir seulement, faisoit appétit. Il rapporta son panier plein à la princesse ; elle le renvoya aussitôt à l'office, et il apporta toutes les compotes et les dragées du roi.

Le roi, qui n'avoit pas dîné, ayant grand'faim, voulut souper de bonne heure ; mais il n'y avoit rien ; il se mit dans une colère effroyable, et s'alla coucher sans souper. Le lendemain, au dîner et au souper, il en arriva tout autant ; de sorte que le roi resta trois jours sans boire ni manger, parce que, quand il alloit se mettre à table, l'on trouvoit que tout étoit pris. Son confident, fort en peine, craignant la mort du roi, se cacha dans un petit coin de la cuisine, et il avoit toujours les yeux sur le pot qui bouilloit. Il fut bien étonné de voir entrer tout doucement un petit chien vert, qui n'avoit qu'une oreille, qui découvroit le pot et mettoit la viande dans son panier. Il le suivit pour savoir où il iroit; il le vit sortir de la ville. Le suivant toujours, il fut chez le bon vieillard. En même temps il vint tout conter au roi : que c'étoit chez un pauvre paysan que son bouilli et son rôti alloient soir et matin.

Le roi demeura bien étonné : il dit qu'on l'allât querir. Le confident, pour faire sa cour, y voulut aller lui-même, et mena des archers; ils le trouvèrent qui dînoit avec la princesse, et qu'ils mangeoient le bouilli du roi. Il les fit prendre et lier de grosses cordes, et Frétillon aussi.

Quand ils furent arrivés, on l'alla dire au roi, qui répondit : « C'est demain qu'expire le septième jour que j'ai accordé à ces affronteurs; je les ferai mourir avec les voleurs de mon dîner. » Puis il entra dans sa salle de la justice. Le vieillard se mit à genoux et dit qu'il alloit lui conter tout. Pendant qu'il parloit, le roi regardoit la belle princesse, et il avoit pitié de la voir pleurer; puis, quand le bonhomme eut déclaré que c'étoit elle qui se nommoit la princesse Rosette, qu'on avoit jetée dans la mer; malgré la foiblesse où il étoit d'avoir été si longtemps sans manger, il fit trois sauts tout de suite, et courut l'embrasser, et lui détacher les cordes dont elle étoit liée, lui disant qu'il l'aimoit de tout son cœur.

On fut en même temps querir les princes, qui croyoient que c'étoit pour les faire mourir, et qui venoient fort tristes, baissant la tête; l'on alla de même querir la nourrice et sa fille. Quand ils se virent, ils se reconnurent tous; Rosette sauta au cou de ses frères; la nourrice et sa fille avec le batelier se jetèrent à genoux et demandèrent grâce. La joie étoit si grande que le roi et la princesse leur pardonnèrent, et le bon vieillard fut recompensé largement; il demeura pour toujours dans le palais.

Enfin le roi des paons fit toute sorte de satisfactions au roi et à son frère, témoignant sa douleur de les avoir maltraités. La nourrice rendit à Rosette ses beaux habits et son boisseau d'écus d'or, et la noce dura quinze jours. Tout fut content, jusqu'à Frétillon, qui ne mangeoit plus que des ailes de perdrix.

> Le Ciel veille pour nous, et, lorsque l'innocence
>   Se trouve en un pressant danger,
>   Il sçait embrasser sa défense,
>   La délivrer et la venger.
>   A voir la timide Rosette,
> Ainsi qu'un alcyon dans son petit berceau,
>   Au gré des vents voguer sur l'eau,
> On sent en sa faveur une pitié secrette;
> On craint qu'elle ne trouve une tragique fin.
>   Au milieu des flots abîmée,

Et qu'elle n'aille faire un fort léger festin
      A quelque baleine affamée.
Sans le secours du Ciel, sans doute, elle eût péri.
      Frétillon sçut jouer son rôle
      Contre la morue et la sole,
      Et quand il s'agissoit aussi
      De nourrir sa chère maîtresse.
      Il en est bien en ce temps-ci
Qui voudroient rencontrer des chiens de cette espèce!
      Rosette, échappée au naufrage,
Aux auteurs de ses maux accorde le pardon.
      O vous à qui l'on fait outrage,
      Qui voulez en tirer raison,
Apprenez qu'il est beau de pardonner l'offense
Après que l'on a su vaincre ses ennemis,
Et qu'on en peut tirer une juste vengeance.
C'est ce que notre siècle admire dans LOUIS.

Imprimé par D. Jouaust

POUR LA

BIBLIOTHÈQUE DES DAMES

DÉCEMBRE 1881

BIBLIOTHÈQUE DES DAMES

Cette collection a pour but de réunir les ouvrages qui doivent le plus spécialement plaire aux Dames, et formera pour elles, à côté des grands classiques, dont elles ne doivent pas se désintéresser, une bibliothèque intime où elles pourront trouver un délassement à des lectures plus sérieuses. Comme la *Bibliothèque des Dames* ne comprendra que des ouvrages empruntés aux bons écrivains français, elle s'adresse également aux hommes, parmi lesquels elle ne pourra manquer de trouver un grand nombre d'amateurs.

Cette collection est imprimée avec le luxe et l'élégance que commandent les personnes à qui elle est destinée Chaque volume, enfermé dans une gracieuse couverture imprimée en deux couleurs, est orné d'un frontispice gravé a l'eau-forte. — Le tirage est fait à petit nombre sur papier de Hollande ; il y a aussi des exemplaires sur *papier de Chine* et sur *papier Whatman*.

En vente :

Le *Mérite des Femmes*, par G. Legouvé, avec préface et appendice d'E. Legouvé. . . . . 6 fr.

La *Princesse de Clèves*, de Mme de La Fayette, préface par M. de Lescure, 1 vol. . . . . 8 fr.

En préparation : Divers ouvrages d'éducation, Contes. Romans, Mémoires, Correspondances, etc.

www.ingramcontent.com/pod-product-compliance
Lightning Source LLC
Chambersburg PA
CBHW051904160426
43198CB00012B/1742